HERITAGE BUILDERS

SALIENDO DE LAS SOMBRAS

GUARDANDO LAS ESPERANZAS DONDE NO HABÍA NADA QUE GUARDAR

MI HISTORIA DE SUPERACIÓN

....

NINA PEREZ-REED

HERITAGE BUILDERS PUBLISHING
MONTEREY, CLOVIS CALIFORNIA

Primera Edición 2015

Editor Colaborador para la versión en Español,
Ángel Jesús Mendoza Escamilla
Diseño de portada del libro, Carolyn LaPorte, Rae House,
Creative Marketing
Diseño del libro, Nord Compo
Publicado por Heritage Builders Publishing
Clovis, Monterey California 93619
www.HeritageBuilders.com   1-888-898-9563

ISBN 978-1-941437-08-7

Impreso y encuadernado en los Estados Unidos

CONTENIDO

....

Esta historia es real; sin embargo, todos los nombres
han sido cambiados para proteger la privacidad de aquéllos
que desempeñaron un papel importante en mi viaje.

DEDICATORIA

....

Este libro está dedicado a mis primeros maestros:
mi madre y mi padre, y en especial a la memoria
de mi querido padre (1932-2015).
Mis padres me dieron la vida y me enseñaron a ser quien soy.
Gracias por todos sus sacrificios, esfuerzo y apoyo incondicional.

AGRADECIMIENTOS

....

Estoy infinitamente agradecida con el Pastor Otis, por apoyarme durante este viaje y, animarme para alcanzar la plena realización de este proyecto.

A Sherman por animarme a que siga escribiendo y compartiendo mi mensaje con todos donde quiera que esté.

A mis amigos y colegas, por compartir comentarios y escuchar mis ideas.

A mis padres y hermanos, por haberme ayudado a recordar todos los momentos especiales de nuestra niñez.

Por ultimo, agradezco con todo el corazón, a mi marido y a mis hijos, por respetar mis espacios, en soledad y quietud, para escribir cada una de las letras de esta historia.

Gracias a su amor y paciencia, hoy pude terminar este libro.

PRÓLOGO
Por Dr. J. Otis Ledbetter

....

La esperanza es una palabra difícil de alcanzar y parece que algunos de nosotros siempre la estamos persiguiendo. Poseerla con éxito, es como tratar de obtener control sobre una corriente de agua que fluye del grifo de la cocina. Usted puede sentir el agua corriendo por sus manos pero no agarrarla, sujetarla y llevarla con usted.

Se puede ver, pero no se le puede poner una cara o un nombre a la misma. La vida se hunde en una existencia insignificante y sin esperanza.

Nina Pérez-Reed, muestra a sus lectores cómo la esperanza es el pegamento que moldea la felicidad, la satisfacción, la dignidad, el valor, el éxito

y una miríada de otras palabras significativas en un mosaico del alma. La posesión de ella le permite a uno subir alto y respirar profundamente el aire limpio desde la montaña de la perspectiva. La esperanza le da definición a la vida.

Al leer y reflexionar sobre las historias de este libro que Nina ha escrito sobre su vida, es posible que a veces, sienta como que está agarrando esa corriente de agua o que está persiguiendo el viento porque en estas historias, será difícil ver donde podría haber alguna esperanza.

¿Dónde está la esperanza cuando está en medio del abuso?

¿Dónde está la esperanza cuando está en las profundidades de la pobreza?

¿Dónde está la esperanza cuando se le está avergonzando con palabras dañinas e intimidando por gente más fuerte que usted, y usted no tiene defensa?

¿Qué no hay ninguna esperanza, dice usted?

En este libro, Nina Pérez-Reed, ayudará a los lectores a entender que la esperanza está en el río de la vida, oculta en todas las angustias de nuestra existencia como pepitas de oro, enterradas bajo montones de limo. La esperanza no viene a nosotros de forma automática, y de hecho puede pasar en frente de nosotros sin que nos demos cuenta. Sin embargo, aquellos que perseveran y nunca se dan por vencidos, aquellos que han decidido vivir una vida que vale la pena, ellos que quizá son ustedes, pueden encontrar la esperanza en donde no había nada que esperar…

PREFACIO

....

Siento la necesidad de escribir mi historia; contar mis experiencias de vida, tal y como ocurrieron porque día a día, veo a miles de jóvenes que necesitan desesperadamente ser valorados, aceptados y encontrar una luz de esperanza.

Todo el esfuerzo dedicado a este libro, es para ayudar a los jóvenes. Estoy convencida que, en ocasiones, lo único que necesitan es un oído que escuche sin juzgar y, quizá, algunas palabras de aliento, de acompañamiento. Durante las pláticas y conferencias que mantengo con ellos, siempre intento transmitirles esperanza y aliento, compartiéndoles cómo superé, día tras día, cada uno de los obstáculos (algunos más difíciles que otros) que la vida me fue poniendo.

Si usted ha vivido o está viviendo tiempos de dolor y oscuridad; si se encuentra luchando con desesperación, lo invito a este mi viaje personal en donde, letra a letra, paso a paso, comparto que hice y cómo le hice frente a mis momentos de oscuridad y zozobra.

Este es un libro de reflexión; para ayudarle a descifrar el mensaje obtenido en cada sección, se diseñó la técnica REALM, que nos ayuda a Reflexionar, Examinar, Aplicar, Aprender y Motivarse.

Situada al final de cada sección, la técnica REALM (REAAM en español), desarrolla una serie de preguntas que le ayudarán a reflexionar sobre el tema abordado en cada apartado.

Encontrar sus respuestas a estas preguntas, le permitirá interactuar con el texto. Si usted se atreve, este viaje hacia lo más profundo de sus experiencias, cambiará su vida.

Al leer este libro por su cuenta o en grupos pequeños, procure que sus respuestas sean honestas; la oscuridad no dura para siempre, usted puede encontrar una luz de esperanza.

REFLEXIÓN

....

R = Reflexionar......	¿En qué capítulos de su vida pensó cuando estaba leyendo esta sección?
E = Examinar.........	Busque en su vida, en su historia y encuentre cómo esta sección, se relaciona con usted.
A = Aplicar	¿Qué información de esta sección puede aplicar a su vida o compartir con otros?
A = Aprender.........	¿Qué lecciones de vida ha aprendido de esta sección? ¿Qué aprendió acerca de sí mismo?
M = Motivar............	¿Qué cambios puede hacer en su vida? ¿Cómo le benefician estos cambios?

SECCIÓN 1
APRENDIENDO DE LA VIDA

INTRODUCCIÓN

Aprendiendo de los demás en la escuela de la vida

Todos los días enseñamos; enseño cuando le muestro cómo cocinar su receta favorita, o podemos enseñar con lo que decimos y lo que hacemos cuando estamos en casa, en el mercado, en el cine o en el trabajo. En mi convivencia diaria, he aprendido de colegas, amigos, familiares e incluso de personas que no conocía.

El reloj nunca se detiene; a cada minuto pasan oportunidades para aprender, para enseñar y tal vez para adquirir vivencias que incluso pueden cambiar su vida. No debemos perdernos cada oportunidad de enseñanza y aprendizaje. Si mi discurso le suena al de una maestra, es porque lo soy. Y no sólo enseño; en muchas ocasiones, también aprendo de mis alumnos, de los académicamente buenos y de los no tan buenos. En mis dieciocho años de maestra, he interactuado con miles de jóvenes y yo, he aprendido de ellos y con ellos.

Por supuesto, también adquirimos una extensa cantidad de conocimiento de libros y maestros. Sin embargo, las lecciones más valiosas de la vida (aquéllas que nos forman y permanecen con nosotros por el resto de nuestras vidas) son las que aprendemos de nuestra familia, amigos, colegas y pastores. Si estamos en un aula aprendiendo y adquiriendo habilidades o en el mundo real (en la escuela de la vida) tenemos que recordar que cada experiencia y cada interacción puede conducir al aprendizaje. Mi consejo para todos es: *Mira, Escucha y Aprende.*

Durante nuestra vida, muchas personas llegan y se van; algunos influyen positivamente y otros, no. No todas las experiencias que vivimos son positivas pero si vemos la vida con sabiduría, de esos momentos negativos, de esos momentos de quiebra, son de los que más podemos aprender. Concientizar que una persona que nos hizo daño en el pasado, pudo habernos enseñado algo, es aprender a ver la vida con sabiduría y no con negación.

Muchos de nosotros vivimos ocultando el dolor interior, ignorando sus causas e incluso negándolas y, permitimos que los años pasen. Y cuando el tiempo pasa, es que nos damos cuenta de lo que hemos logrado a pesar de todos los obstáculos y de quienes nos trataron mal e hicieron de menos. Es en ese momento cuando la gratitud viene, nos sacude y finalmente encontramos la valentía de enfrentar nuestro pasado.

Estas palabras vienen de lo más profundo de mi corazón, expresan lo que viví, el maltrato y el trauma emocional de mi pasado. Se dice que cuando aprendemos a perdonar y cuando averiguamos por qué un individuo entró a nuestras vidas, vivimos un proceso de curación; entonces, es cuando realmente aprendemos y una vivencia se vuelve experiencia.

De las mayores lecciones que he aprendido, es que la vida no es fácil; por eso, debemos aprender a enfrentar las adversidades y a aquellas personas negativas que sólo opacan nuestra existencia: nunca, darse por vencido, será la opción, nunca.

Muchas de las vivencias de mi infancia hicieron que yo madurara antes de tiempo; la inocencia perdida. También hubo cosas horribles que me marcaron y que desearía poder borrar de mi memoria como cuando eliminamos un archivo de la computadora.

Para ser completamente honesta, a lo largo de mi historia, sí hubo buenos recuerdos, algunos; sin embargo, en mi pasado más que nada, siempre hubo dolor, drama y muchos momentos traumáticos.

Hoy puedo decir que las experiencias traumáticas, me ayudaron a priorizar y establecer metas de vida para mí misma; la superación de los obstáculos, más tarde se convertiría en mi boleto para salir de una vida llena de miseria y limitaciones.

Después de un largo proceso de curación y unos meses de terapia, puedo mirar atrás y decir, con toda honestidad, que mis experiencias pasadas, fueron desafíos que tuve que enfrentar para crecer como persona y para poder animar e impulsar a otros seres con los que coincido en esta escuela de la vida. No cambiaría ninguna parte de mi pasado porque precisamente esas experiencias son las que definen a la persona que soy hoy en día.

En este libro, haré un viaje en el tiempo hacia mi infancia y adolescencia, para presentarle a personas que han hecho una diferencia en mi vida. Muchas de ellas, con sus comportamientos y actitudes, me enseñaron cómo actuar o pensar y en última instancia, cómo ser una mejor persona. Otros individuos, en cambio, estuvieron en mi vida el tiempo suficiente para darme una breve demostración de cómo no se debe actuar. Usted también puede reflexionar sobre sus experiencias, valorarlas y hacer que éstas, se vuelvan al final, un gran aprendizaje. Parece más fácil decirlo que hacerlo; pero con paciencia, fe y esperanza, lo he logrado y usted, puede hacerlo.

Saliendo de las sombras, guardando las esperanzas en donde no había nada que guardar, incluye varias vivencias muy valiosas que aprendí durante tres etapas de mi vida: los nueve años que viví en México, el periodo de mi adolescencia y mi vida adulta. El objetivo principal de este libro es compartir con el lector cómo superé los obstáculos durante mi juventud y qué hice para nunca perder las esperanzas. Los obstáculos que enfrenté, me sirvieron para encontrar una fuerza dentro de mí que me permitió superarme y madurar en una jovencita.

Hoy agradezco estar viva y a todas las personas que han estado en mi vida. Los recuerdos placenteros de mis experiencias positivas, enriquecen mi vida mientras que los recuerdos no tan positivos, me producen un gran malestar. Sin embargo, incluso las experiencias desagradables me enseñaron algo: *me hicieron crecer y me mostraron el significado de la paciencia, la humildad y la tenacidad.* Las pruebas y las tribulaciones por las que pasé me hicieron más fuerte. En la medida que fui creciendo y trabajando hacia mis metas, vi la verdad: todo el que llega a nuestra vida y cada una de nuestras experiencias, tienen el potencial de enseñarnos si nosotros permitimos que el aprendizaje se realice. Y eso es exactamente lo que me pasó; espero que cuando la gente lea este libro, se anime para que aprenda de las personas y las experiencias que puedan enfrentar, sean buenas o malas.

Para terminar, este libro también sirve para recordarle a los lectores, que incluso los jóvenes pueden encontrar y crear estrategias para hallar la esperanza y aferrarse a ella. Desde mi infancia y durante mi experiencia como maestra, he visto lo fácil que es perder las esperanzas en la vida diaria. Esta historia es un testimonio que comparte la determinación por tener éxito y una profunda convicción de siempre ver el vaso medio lleno, pensamiento que puede ser la diferencia cuando las probabilidades de éxito están en nuestra contra.

Es aún más difícil cuando tienes que aguantar una dosis diaria de abuso verbal, físico y emocional como yo lo hice. Sin embargo, cada uno de nosotros tiene la opción de levantarse, sacudirse el polvo y seguir adelante en el camino de la vida.

Recuerdos de México

Ya no voy a compartir mis sueños con él. "Si le cuento a mi padre uno más de mis sueños, sólo los hará añicos", me dije otra vez cuando estaba en la secundaria. Él era mi padre, la cabeza de nuestro hogar; en pocas palabras, la única autoridad pero, ni en sus peores momentos, tuvo el poder para robar mis esperanzas y sueños, no importa lo mucho que lo intentara. Podría mencionar mil ejemplos en donde mi padre quiso robar mis sueños, pero el que ahora viene a mi mente, es el de aquel día cuando le dije; "mire papá este es el coche que quiero cuando yo sea grande". Contenta, con el dibujo del coche que imaginé poseer algún día, corrí a mostrárselo, pero él, no me tomó en serio y sólo se rió, como de costumbre. Entonces, yo ignoré el insulto, como de costumbre. Lo mismo hacía cuando quería hacerme sentir fea llamándome "la dientona, la jetona". Después de aquel día, decidí mantener mis pensamientos en silencio y esperar a que pacientemente mi futuro se hiciera realidad. Todos mis sueños estaban bien donde estaban, almacenados de forma segura en mi corazón. "El no necesita conocer mis sueños", me recordaba a mí misma, día a día. Aprendí la lección… y de la manera más difícil.

"Mi padre dice que soy una *buena para nada* y estoy empezando a creerlo", pensaba. Pero aprendí a que no me importe lo que piense, porque sabía que en el futuro me esperaban grandes cosas para mí: una casa de dos pisos, cuatro hijos, un gran trabajo y un marido cariñoso que me hable en voz baja y use palabras amables, en lugar de gritar maldiciones y proferir palabras hirientes hacia mí.

Me decía estas cosas cada vez que mi padre me daba una patada, me pegaba con el cinturón o con los puños. Como soy tenaz por naturaleza, decidí desde el principio, que sus palabras de enojo no iban a aplastar mi espíritu ni mi deseo de vivir.

Visualicé las imágenes de un futuro mejor y colgadas en mi mente, eran un símbolo de la esperanza que Dios puso en mi alma. Estas imágenes, fueron por años, mi escape a la horrenda realidad de gritos, golpes y menosprecios.

Las palabras de mi papá, eran incluso más poderosas que sus golpes porque los moretones, finalmente se quitaban pero el daño causado por sus palabras, nunca desapareció. Pero él, poco sabía que cada una de sus crueles palabras y su odio, serían la causa de que mi corazón se rasgara en pedazos.

Mi vida no siempre fue tan sombría. Hubo un tiempo en que fui una niña muy feliz, sin preocupaciones en el mundo. Cuando pienso en los nueve años que viví en México, muchas imágenes que vienen a mi mente me hacen sonreír. Tengo tantos recuerdos maravillosos de aquellos días de infancia cuando vivía en un pueblo tranquilo llamado "Agua Caliente", en el estado de Jalisco, México. Un gran río que se llenaba de agua turbia durante la temporada de lluvia, hizo que nuestro pueblo se separara de Chimaltitán, el pueblo vecino. Nuestra casa era pequeña y sencilla, sin electricidad ni plomería, de una habitación y con una especie de chimenea en donde mamá hizo su cocina. También tenía un *pretil* hecho de adobe o ladrillos de barro, no recuerdo bien. En el *pretil* habían varios utensilios de cocina: un *metate,* piedra plana con mango largo que mamá usaba cuando tenía que moler el maíz y preparar la masa para las tortillas; una mesa de cocina y algunas sillas, eran los únicos muebles. Dormíamos en *petates* hechos con hojas de palma seca que, por la noche, poníamos sobre el suelo y por la mañana, recogíamos. Mi vida en Agua Caliente era simple y feliz.

Durante mis años de infancia, pasé mucho tiempo en *El Veladero,* el rancho de mi abuelo materno, al que cariñosamente, llamábamos "Abuelo Mario," y quien enviudó y nunca se volvió a casar. Él y mi tía Juana, vivían en una pequeña choza de paja que el abuelo había construido con sus propias manos. Mis primos Viviana y Manuel, hijos de la tía Juana, siempre estaban alrededor de nosotros cuando visitábamos al abuelo. La pequeña casa, estaba rodeada de enormes campos de maíz verde y enormes árboles de mango. El abuelo cultivaba esa tierra y la cosecha, la llevaba al pueblo vecino para venderla.

El abuelo amaba comerse los tomates rojos; los cortaba por la mitad, les ponía sal y, se los comía en dos o tres bocados como cuando un niño come dulces. Todo el tiempo que venía a visitarnos a Agua Caliente, mi hermano Mateo y yo, nos pegábamos al abuelo con la esperanza de poder ir con él a su

rancho. Nos encantaba ir a El Veladero porque era el mejor
lugar del mundo para cualquier niño que quisiera ir en busca
de aventuras. En ese lugar éramos libres, podíamos vagar por
donde quisiéramos: jugábamos en los campos de maíz, subíamos
a los árboles y nos montábamos en las enormes rocas a lo largo
de los arroyos. Debajo de aquellas rocas, vivían unas pequeñas
lagartijas que a Mateo le gustaba capturar y cortarles su cola y
yo, con asombro, observaba cómo las colas, cortadas, seguían
moviéndose.

La belleza natural de *El Veladero* era sorprendente,
pero había algo más que lo hacía aún mejor, la cocina de la
Tía Juana. Cuando comíamos toda esa comida, a veces nos
empachábamos tanto que incluso, yo amanecía enferma
al siguiente día. Mi hermano Mateo, también fue un gran
admirador de la cocina de Tía Juana. En aquellos tiempos,
los dos teníamos unas mejillas regordetas y grandes barrigas
que comprobaban nuestro buen comer. Siempre elegíamos la
misma comida: frijoles envueltos en tortillas de harina hechas
en casa. Y debido a nuestros hábitos alimenticios nos pusieron
nuestros propios apodos: el panzón y la panzona, expresiones
de cariño de nuestros seres queridos.

La vida transcurría tranquila y sin prisas; cuando no estaba
con el abuelo en su rancho, estaba en *Agua Caliente*, ayudando
a mamá. Mi hermana Miriam y yo, teníamos que llevar agua del
pozo de la comunidad hasta nuestra casa. Llevábamos nuestras
pequeñas cubetas, las llenábamos y luego, teníamos que cargarlas
de vuelta. Equilibrándolas sobre la cabeza, caminábamos de
regreso a casa cuidando no derramar el agua; sin embargo,
algunas veces tropecé con piedras derramándola y, molesta por
mi descuido, tenía que regresar al pozo para llenar de nueva
cuenta la cubeta. El agua que llevábamos a casa, servía para beber,
cocinar y regar las plantas. También la usábamos para bañarnos
los días en que no íbamos al río. En esas ocasiones, teníamos que
sentarnos en unas tinas de metal llenas de agua y ahí, mamá, nos

bañaba, nos lavaba el pelo y nos limpiaba. Odiaba bañarme en la tina porque ella vertía el agua sobre mi cabeza, tan rápido, que no podía contener la respiración y a veces, sentía que me ahogaba. Cuando necesitábamos lavar, íbamos al río, tallábamos la ropa sobre una roca plana y después, la colocábamos sobre las piedras a lo largo de la orilla del río.

Durante nuestro tiempo libre, subíamos a los árboles y jugábamos con los vecinos. Las noches eran muy oscuras y las mujeres, a menudo, nos contaban historias de fantasmas que nos dejaban aterrorizados. Nos daba escalofríos escuchar historias como la de *La Llorona*. Esta leyenda habla de una mujer que había ahogado a sus hijos y que salía por las noches para llamarlos y lamentarse por ellos. "*¿Dónde Están Mis Hijos?*", decía. Ella lloraba y lloraba y es como hizo su camino a lo largo de los ríos, lagos o cualquier cuerpo de agua. Las mujeres nos contaban muchas historias detalladas de los fantasmas y todas las creíamos, pero *La Llorona* fue una de las más temibles.

También nos contaban historias sobre húngaras o gitanos que venían con frecuencia a Agua Caliente y se llevaban a los niños que se portaban mal. Y desde entonces, siempre me aseguré de nunca meterme en problemas porque tenía miedo de que las húngaras vinieran por mí y me llevaran lejos de mi familia. Por otro lado, también teníamos actividades mucho más agradables como los juegos de la roña o etiqueta, la víbora de la mar que es similar al "puente de Londres que se está cayendo". Cantábamos canciones como "naranja dulce" y "la cucaracha". Pensando en esos días, en aquellos tiempos de gran diversión, de tanto tiempo atrás, hace que todo parezca un hermoso sueño.

Otro recuerdo especial de mi infancia, es cuando iba a Chimaltitán, el pueblo más cercano al lugar donde vivíamos. Íbamos ahí una vez al mes para recoger el dinero que mi padre nos enviaba para vivir. Él vivía en California y nos enviaba un cheque mensual. Para llegar a Chimaltitán, teníamos que cruzar un río. Cuando el nivel del río era bajo, era seguro cruzar por un puente improvisado, hecho de rocas y postes de madera muy pesada pero cuando era época de lluvias, el río se desbordaba y la cruzada se hacía peligrosa. Cuando eso sucedía, nos cruzaban en una balsa que es como un barco plano y que los hombres del lugar utilizaban para transportar a la gente al otro lado del río.

Las grandes tiendas y los restaurantes del pueblo, eran la mayor atracción y nos invitaban a volver. Mamá iba para comprar víveres y pagar deudas. Cuando el dinero de papá llegaba a fin de mes, ella iba al correo a cobrarlo y se aseguraba de pagar todas las deudas. Algunos de los alimentos que mamá llevaba de vuelta a casa, eran sardinas, jalapeños en rodajas y pan blanco que llamamos "pan Bimbo". Mamá agarraba las sardinas, les picaba tomate y jalapeños y los mezclaba añadiendo un poco de sal. El resultado era como comer un rico sándwich de atún pero sin mayonesa. Se me hace "agua la boca", pensando en ello.

Ir a Chimaltitán era una gran experiencia, sobre todo durante las *fiestas* y celebraciones especiales en el mes de mayo. Durante estas fiestas, mi mamá trabajaba como mesera en una fonda. Eso le permitía ganar algo de dinero extra. Al final de la noche, regresábamos a casa por el callejón oscuro que nos llevaba hasta el río. Después de cruzar el río, teníamos que caminar unos cien metros más y ya estábamos en casa. Este recorrido de casi media hora, era algo que no me gustaba hacer. Todavía recuerdo lo cansada que quedaba al final de esas noches; sólo quería cerrar los ojos y dormir. Por suerte, mucho tiempo durante el camino, yo dormía pues era muy pequeña y alguien me tenía que llevar cargada.

A veces, mi mamá se iba al pueblo sin nosotros. Mientras ella se iba a hacer el mandado, mi hermana Miriam se quedaba conmigo para cuidarme. En una ocasión, antes de salir, mamá preparó un poco de pollo y lo colocó en una olla llena de agua. Entonces le pidió a mi hermana que lo vigilara. He de reconocer que el caldo de pollo era una de mis comidas favoritas. Recuerdo que encontré la olla con el pollo completamente cocido y frío;

entonces metí mis pequeñas manos y me comí casi todo el pollo, dejando apenas los huesos. Después de mi osadía, me quité toda la grasa limpiando mis pequeñas manos en mi vestido rosa con tirantes que traía y volví a poner los huesos en la olla. Mamá se puso nada contenta cuando llegó a casa pues sólo vio los huesos y el caldo en la olla. Y mi lindo vestido, manchado por todas partes, me delató.

Una travesía peligrosa

En 1978, nuestra vida cambió completamente; mi mamá mis hermanos y yo, nos mudamos a los Estados Unidos para vivir con mi papá. Realmente, nosotros no sabíamos por qué nuestro papá se había ido a vivir a California desde que yo nací en 1969. Ahora sé que la razón era que en México no había trabajo; entonces decidió migrar a los Estados Unidos y ahí, trabajó en los campos de California. Su trabajo fue duro: la cosecha de uvas, las vides de poda, el raleo y el proceso de limpieza del durazno, nectarina y ciruelos. Para nosotros, el único padre que conocíamos era nuestra madre Paz Torres. Ella casi vivía como madre soltera porque estaba sola, criándonos mientras que mi papá, estaba en California trabajando para mantener a la familia.

Aunque el nombre de mi padre es José Torres, todo el mundo lo llamaba Don José pero yo solamente le decía "apá"

En aquella época, mamá tenía unos treinta años y usaba el pelo largo hasta la cintura. Su delicado rostro de piel clara, tenía cicatrices de viruela, enfermedad que no pudo robar su belleza natural. Su gran corazón y paciencia, siempre fueron y son, sus mayores virtudes. Ella es una mujer muy fuerte que ha soportado toda una vida de pruebas difíciles desde que era una niña. Cuando su madre murió, apenas era una adolescente y tuvo que criar y cuidar a sus hermanas menores mientras que su padre, el abuelo Mario, viajaba constantemente pues trabajaba como comerciante para mantener a la familia.

La educación de mamá fue muy limitada debido a sus responsabilidades familiares y por eso, sólo estudió hasta el segundo grado de primaria. Después de casarse con mi padre, los problemas y el sufrimiento continuaron; pero los desafíos a vencer eran diferentes. Ella estaba cansada porque en sus primeros años se la pasó ayudando a su papá y después, pasó diez años criándonos sola en México. Ya no quería estar sola, ser mamá soltera. Entonces, ella le dijo a mi papá que estaba enferma y cansada de estar separados; por eso, le pidió que nos llevara a vivir con él.

El tiempo todo lo borra; la mayor parte de los detalles del paso por la frontera de México y Estados Unidos, han sido borrados por el tiempo. Sin embargo, aún recuerdo lo ansiosa que estaba porque nuestra familia pronto se reuniría y por fin, estaría viviendo con mi papá. Entonces tenía muchas ganas de aprender inglés y sentía mucha emoción al pensar en mi nueva vida en un lugar al que todos llamaban "El norte". No tenía idea de qué nos esperaba del otro lado de la frontera pero soñaba con aquel sitio como un lugar mágico. Mi hermanito Mateo, mi hermana Mona y yo, no cruzamos a través del río como lo hacía la mayoría de las personas.

Aún recuerdo cuando me dijeron que nos llevaron al otro lado de la frontera, escondidos en una caja de flores mientras que mis hermanos mayores y mi madre, cruzaron por separado y en otro lado. Ellos atravesaron la frontera en el maletero del coche de un coyote. Todos en la misma travesía pero separados. Cuando llegamos a Pacoima, un lugar en las afueras de Los Ángeles, nos volvimos a encontrar con mi madre y mis hermanos mayores. Mi madre, recientemente, me confesó los detalles de aquel día y cómo ella sentía que se asfixiaba en el baúl. Me sorprendió saber lo cerca que estuvimos de perderlos.

Y empezó la historia en la Unión Americana; por lo que recuerdo, los primeros días, fueron en Sanger, una pequeña comunidad agrícola en el centro de California. Recuerdo que

esa noche al contarle el viaje a mi papá, yo erróneamente le dije:
"llegamos a Maracaibo". Gran error de mi parte pues ese lugar ni
siquiera está en América del Norte sino en Venezuela. El nombre
real de la ciudad era Pacoima. Desde ese día y durante muchos
años, mi padre me llamó "mi maracaiba", apodo que llegué a
odiar. Cuando jugando usaba ese apodo, yo me sentía tonta
porque recordaba mi error y pensaba que me estaba ridiculizando.
Entonces, cada vez que me llamaba así, fruncía el ceño en vez de
esbozar una sonrisa.

Para mí, venir a los EE.UU. fue una experiencia agridulce.
Llegué a un lugar en donde las personas, logran darle vida a sus
sueños. Aunque ahora, yo estaba en un país que prometió libertad
para todos, venir aquí, para mí, significaba perder la mía. Yo era
una niña mexicana de nueve años de edad que fue abrumada por
tantos cambios. Ahora me encontraba en un país nuevo, con un
nuevo idioma, un nuevo entorno y sin mis viejos amigos. Además
de todos los cambios en mi vida, también tenía que lidiar con
algo que nunca había experimentado antes: *el abuso físico, verbal
y emocional de mi padre*. Yo ya no era la niña feliz, con encaje y
trajes de arandelas que trepaba los árboles hasta sus copas más
altas. Yo ya no era la chica aventurera y confiada; aquélla que
como un pájaro, nunca dejaba de cantar. La persona que solía ser
dejó de existir en mi nuevo hogar. Ya no sabía quién era yo.

Venimos a vivir con mi padre para ser una familia
completa, pero poco después de llegar a Sanger, descubrí que
vivir con él no sería fácil. En cambio, fue una gran carga que tuve
que soportar durante muchos años. Él había vivido aquí desde
1969 y yo, casi ni lo conocía pues había estado lejos de mí, en los
primeros años de mi vida.

Sólo me acordaba de sus visitas cortas y poco frecuentes;
él venía a México una vez al año. Todo lo que podía recordar de
mi padre, es que siempre estaba bien vestido, con buen aspecto
y siempre llevaba su sombrero mexicano. Su sombrero de ala
ancha le acompañaba a todas partes donde iba. Él era un hombre

inteligente, a pesar de que sólo estudió hasta segundo grado de primaria. Al igual que mamá, también tuvo que dejar la escuela debido a los lazos familiares y sus responsabilidades. Para todo el mundo, era un ser decente y respetable, todos lo querían pero para nosotros, su familia, él era un hombre enojado, machista e implacable. Su camino era el único camino.

Tiempo después, nos fuimos a vivir a casa de la tía Benita que era pariente de mi padre. Aquella casa estaba sobre la avenida "Academia", al sur de Sanger; aunque tenía tres recámaras y dos baños, resultaba pequeña porque siempre estaba llena de gente ya que diez de nosotros vivíamos ahí. Dormir con tanta gente en la misma habitación y durante casi un año, me enseñó qué es tener a la gente tan cerca de ti, incluso contra tu propia comodidad. Mi padre vivía constantemente enojado. Pronto aprendí que lo mejor para mí, era mantenerme alejada de él, en lugar de sentarme en su regazo como cuando vivíamos en México y papá, llegaba a visitarnos. En vez de amarnos y ser cariñoso, a mis hermanos y a mí, sólo nos menospreciaba, además de usar adjetivos como "estúpidos, pendejos, buenos para nada".

Las expresiones ofensivas e hirientes, se volvieron tan frecuentes y comunes que mis jóvenes oídos se enfermaron y se cansaron de escucharlas. Cuando él estaba bebiendo, siempre escuchaba canciones melancólicas que tocaba a través de un reproductor portátil de 8 pistas. Por lo general, mientras tomaba y escuchaba música, siempre había gritos y violencia, él nos daba una paliza por cualquier cosa. Si por accidente rompíamos una lámpara o la perilla de una puerta, nosotros tratábamos de encubrirlo y ocultarlo porque sabíamos que eso era suficiente para que papá se enoje y se ponga violento en cuanto se entere. Siempre nos sentimos atrapados; no éramos chicos malos pero él era implacable. Cuando estas cosas pasaban, papá nos ponía en fila a todos mis hermanos y a mí, para obtener la verdad y así nos interrogaba a cada uno de nosotros hasta sacarnos la verdad.

El miedo era mi compañero constante a partir de que

llegamos a vivir con mi padre. Él, con su trato, me hacía sentir fea, tonta e inútil; sin embargo, yo vivía cada día tratando de reunir la fuerza y el valor suficiente para soportarlo. Yo era una chica tímida y responsable, que encontró la manera de seguir las reglas de nuestro padre. A veces, me hubiera gustado haber nacido de un padre diferente. Su presencia me aterrorizaba, no podía mirarlo fijamente porque sólo veía su odio reflejado en aquellos ojos marrón oscuro. Cada vez que lo miraba, experimentaba una sensación horrible en la boca del estómago. Cuando tenía que hablar con él, siempre bajaba la mirada. Y esta costumbre, se hizo tan constante en mi que yo no podía ni siquiera hacer contacto visual con mis maestros cuando estaba en la escuela o cuando tenía que hablar con los adultos y otras figuras de autoridad.

¿Por qué mi padre decía que nos amaba? ¿Cómo un padre puede lastimar a sus hijos en un momento y, al instante, decir que los ama? Esa es una maldita mentira, pensaba. Para mí todo era tan confuso. Él nos decía que nos quería porque él pagaba todo lo que necesitábamos: nos compraba comida y ropa, pagaba las cuentas y ponía un techo sobre nuestras cabezas. En mi mente, la idea de que me diera casa y comida, no sirvió para que naciera en mí, el amor hacia él. El respeto que le mostraba, era por miedo no por amor. Él nunca se ganó mi respeto cuando yo estaba creciendo.

Aunque tengo muchos malos recuerdos de los meses en que vivimos en casa de mi tía Benita, hay algunas cosas buenas que yo atesoro. Por ejemplo, recuerdo que a una cuadra de la casa, hacia el norte, había una tiendita que tenía un gran letrero de color naranja y blanco que decía "Crush" justo encima de la puerta. La tienda de conveniencia, estaba detrás de las vías del tren, cerca de el famoso Chuck Wagon, conocido por sus perros calientes acompañados de chilli. A menudo nos íbamos caminando a la pequeña tienda para comprar nuestra golosina favorita: *helado de vainilla cubierto de chocolate*. Siempre que teníamos la oportunidad, íbamos a comprar uno, sobre todo cuando mi papá estaba en la fábrica de conservas donde trabajaba o cuando se iba a pasear con sus amigos. En esa época yo me comía muchos de esos helados, tantos, que hoy sólo la idea de comerme uno, me pone enferma.

En el patio delantero de la casa de tía Benita, había muy poco espacio para jugar pues estaba muy cerca de la calle la cual era muy traficada. Sin embargo, detrás de su casa, había un callejón que era el lugar perfecto para vivir nuestras miles de aventuras. A menudo, pasábamos horas jugando entre el lodo y la suciedad. Hacíamos pasteles de barro, arrancábamos las hierbas y las trasplantábamos lo que para mí, era uno de mis pasatiempos favoritos. Parecía un jardinero que disfrutaba trabajar con las plantas jóvenes y vulnerables. No sé si fue el color verde de la hierba o los brotes jóvenes que me atrajeron a las plantas. O quizá era una simple metáfora de mi vida: en aquel entonces: yo era la hierba que había sido retirada de un lugar seguro para ser replantada en otro sitio. Desde entonces, yo sabía que, al igual que los pequeños brotes de hierba, quería crecer, madurar y convertirme en una persona de bien. Además de jugar con la tierra y las plantas, Mateo y yo, también corríamos por el callejón junto con Alberto, Félix y Angelina, los niños que vivían detrás de la casa de mi tía. Mi hermano y yo, los perseguíamos detrás de sus bicicletas y como no teníamos muchos juguetes porque éramos pobres, jugábamos con su brillante camión amarillo, Tonka.

Ese callejón era un lugar especial como un parque infantil que ofrecía diversión sin fin. Aunque no era un parque tradicional con columpios, barras y toboganes donde pudiéramos jugar al aire libre, sí era un lugar que nos trajo mucha alegría y un escape temporal para los problemas cuando todas las puertas se nos cerraban.

Otro momento especial era cuando mi tía nos traía bolsas negras de plástico de la ropa que la gente nos daba. Todavía recuerdo con gran emoción aquellos momentos cuando empezábamos a buscar dentro de las bolsas llenas de ropa para descubrir los tesoros que pronto serían nuestros. El hecho de que esa ropa fuera usada, no tenía ninguna importancia para nosotros y, por el contrario, nos quedábamos muy agradecidos por aquellos regalos y claro, dispuestos a usarlos.

REFLEXIÓN

....

Reflexionar.............	¿Qué pensamientos vinieron a su mente mientras estaba leyendo los recuerdos de mi infancia? ¿Qué recuerdos especiales tiene de su niñez?
Examinar	En su infancia, hubo cambios significativos que lo obligaron a adaptarse ellos? ¿Cómo enfrentó esos cambios? ¿Qué emociones o pensamientos tuvo durante esa etapa?
Aplicar..................	¿Qué palabras o mensajes puede rescatar de esta sección? ¿Qué mensaje puede compartir con los demás? ¿Quién se beneficiaría al conocer este mensaje?
Aprender	¿Cuál fue la información más importante o útil que pudo encontrar en esta sección? ¿Qué lección ha aprendido de alguien o de la vida, que le haya dolido?
Motivar..................	Después de leer esta sección, ¿hay algún área de su vida que usted puede cambiar? ¿Cómo podría esto mejorar su vida o sus relaciones?

SECCIÓN 2
LOS AÑOS ESCOLARES

LOS PROBLEMAS EN LA ESCUELA

Mi vida en casa fue siempre una lucha constante y, cuando entré a mi primera escuela americana, nada mejoró pues los niños de mi salón, no me dieron la bienvenida que yo esperaba.

En mi escuela de México, había un panorama contrario pues tenía muchos amigos y todos los niños se portaban muy bien conmigo. Cuando llegué a la primaria Lincoln, pensé que todos los chicos serían amables y agradables pero estaba muy equivocada pues la realidad sería otra. Aún recuerdo a Yvette, una chica alta y delgada con un flequillo entrecortado y la boca más grande que había visto, capaz de proferir las más atroces palabras; ella estaba en mi salón de cuarto año. Nunca olvidaré su rostro delgado y largo y su boca gritando palabras mordaces en mi contra.

Todavía recuerdo su voz y la imagen de su cara mirándome con saña. Casi todos los días, regresaba a casa llorando por el acoso que sufría de su parte. Yo ya no quería ir a la escuela porque no quería toparme con ella, y mucho menos estar cerca de ella. Siempre me perseguía por toda la escuela Lincoln tratando de darme una paliza y cuando me alcanzaba, me tiraba al suelo y se ponía sobre de mí, lista para lanzarme el primer golpe.

"Mojada, regresa a México", me decía con mucho odio y con toda su bocota; escuchar sus palabras pronto se volvió como escuchar los ladridos de una mascota molestosa porque en ese momento, yo ni siquiera sabía lo que significaban sus palabras.

Para mi "mojada", tenía el significado de *"estar mojada"* y yo estaba bastante seca. Cuando ella me atacaba con sus palabras, no había manera de que pudiera defenderme. Me gustaría poder hacer historias de todas las frases que pasaban por mi mente pero que no podía gritarle. Una de las cosas que más recuerdo, es: "Yo nací aquí, pero nos fuimos a México y regrese a los Estados Unidos, es por eso que no puedo hablar Inglés". ¿Vamos, a quién estaba engañando? Yo nací en México, vine aquí ilegalmente y el resultado es que me convertí en un blanco fácil para los niños malos como ella. No había nada que le impidiera acosarme. Estuve aquí de ilegal por muchos años, pero yo no elegí venir. Pareciera que su hobby preferido era perseguirme por toda la escuela Lincoln y lo peor, es que yo no podía entender por qué ella, siendo también mexicana, me trataba tan mal. No podía entender cómo un niño puede ser tan cruel.

No podía luchar contra ella, me tenía dominada. Incluso si le contestaba con agresión, si me defendía y nos reportaban, me esperaría una segunda paliza en casa. Sin embargo, en el cómodo y silencio mundo de mi mente, muchas veces comencé a defenderme, a contraatacar. En repetidas ocasiones me decía: "un día no me pondrás más sobrenombres, un día no seré más esa niña temerosa a la que burlas y atormentas". Yo tenía poco tiempo viviendo en los Estados Unidos y estaba contenta de estar en este país pero ella hacía que mi vida escolar se tornara muy difícil. Siempre me había gustado ir a la escuela pero debido a la presencia de Yvette estaba empezando a odiarla. Y entonces, un día pensé: ¿por qué no dejo de lamentarme, me doy prisa y aprendo inglés?"

Cuando me sentía impotente ante alguna circunstancia, me imaginaba cómo sería mi vida dentro de diez años. Me veía hablando inglés, siendo una mujer exitosa y ella tendría que comerse sus palabras. Durante años, esas fueron mis herramientas y estrategias preferidas para defenderme. Muchas veces deseé poder adelantar mi futuro y que llegará el día en que la gente me tratara con respeto. Cierto, ya no tenía ganas de ir a la escuela porque la intimidación que sufría de aquella bocona, me hizo la vida imposible. No obstante, tengo que reconocer que en aquellos tiempos, ir a la escuela también era mi refugio. Cuando estaba en la escuela, escapaba del infierno que vivía en casa. Dios me estaba probando y haciéndome espiritualmente muy fuerte a una edad muy joven. Aunque yo no le conocía, ÉL me dio la fuerza y la esperanza que necesitaba para vivir cada uno de mis días.

El cuarto grado estaba lleno de nuevas experiencias. Si bien la presencia de Yvette, puso sombras en mi vida, también hubo momentos felices. Al principio me pareció extraño que me pusieran de nuevo en cuarto año pues yo ya lo había cursado en México. Quizá fue por mi edad pero pronto lo superé. En mis primeros días de clase, tenía muchas ganas de aprender, sin embargo, yo no podía entender al maestro. El Sr. Felton fue mi primer maestro en Estados Unidos; era alto y delgado con bigote castaño y pelo rubio cenizo.

En esa época conocí a un nuevo amigo, John que era un muchacho delgado, con el pelo rizado y la piel color olivo. También fue uno de los chicos más agradables de aquella clase. Cuando sonreía, se podían ver sus lindos hoyuelos. Como el Sr. Felton no hablaba español, John amablemente se ofreció a ser mi intérprete. También estaba Larissa, una chica alta, bonita y de ojos verdes que hablaba español y que junto con John, me ayudaba a entender lo que estaba pasando. Melanie fue otra chica que era muy agradable conmigo. Tenía grandes ojos marrones y el pelo castaño y largo. Los tres fueron muy lindos y siempre me ayudaron cuando no podía entender las indicaciones que daba el profesor. Fueron los primeros niños que me mostraron un rasgo de bondad en mi nueva escuela. Gracias a ellos no me sentía invisible. Se convirtieron en mis amigos favoritos y en mis únicos amigos de habla inglesa en toda la escuela. Cómo me hubiera gustado que todos los niños fueran tan lindos y amables como John, Larissa y Melanie.

Años más tarde, me sorprendió gratamente, encontrar a John en una reunión familiar; su hermana estaba casada con mi primo ¡Qué pequeño es el mundo!, pensé. Desde entonces es parte de mi familia e incluso estuvo en mi boda.

Al poco tiempo de estar en la Lincoln, conocí a alguien más. Su nombre era Jacobo, un chico del que yo estuve enamorada desde la primaria hasta la escuela secundaria pero nunca dije nada. Quizá la intensidad de sus ojos marrón oscuros lo hicieron tan atractivo para mí; quizá fue su piel y cabello oscuro que me llamaron la atención… Quizá no era Scott Baio pero a mí me parecía muy guapo.

Tal vez empezó a gustarme porque él fue el primero en reconocer mi talento en aritmética y ortografía. *¡Eres muy inteligente!* me gritaba siempre que sacaba una excelente calificación en algún examen. Pero en casa, yo no tenía la misma suerte. En lugar de recibir elogios de mi padre, únicamente recibía palabras como "eres una mensa" y otras desagradables que se convirtieron en mi dosis diaria de palabras negativas. Sin embargo, cuando estaba en la escuela, yo seguía hacia adelante escuchando cómo Jacobo y otros compañeros de la clase, se impresionaban por mis conocimientos en aritmética. Y yo, más que contenta porque no era común que escuche tantos elogios.

A pesar de que llevaba menos de un año viviendo en Estados Unidos, me di cuenta de que la ortografía en inglés no era tan complicada. Cuando iba a la escuela en México, siempre sacaba 9 y 10, lo que significa que era una alumna ejemplar. En mi escuela de habla inglesa, descubrí una nueva estrategia para ayudarme a aprender inglés rápidamente. Todo lo que tenía que hacer era usar mis conocimientos de español para deletrear correctamente las palabras en inglés. Yo solía pronunciar en mi cabeza las palabras en español para poder escribir algo. Pronto me convertí en maestro de la ortografía pero por desgracia, la ortografía, no era equivalente a la comunicación.

No podía hablar en inglés ni con el maestro, ni con mis compañeros y mucho menos podía leer los libros de texto en inglés y las tareas escolares que me daban. Me daba miedo presentar exámenes. Yo encerraba cualquier letra en la hoja de respuestas pues no entendía las preguntas. Yo sentía que era una tontería que me den los exámenes de inglés cuando no tenía idea de lo que estaba haciendo. Yo sólo jugaba y hacía lo que me decían. Por el contrario, Aritmética, era un lenguaje universal y no me costó sobresalir en ella y eso hizo que mi nombre vaya en la parte superior de la tabla de prueba cronometrada; el lugar más alto que haya habido en la clase del señor Felton.

Las pruebas cronometradas de Aritmética que presentaba, siempre volvían a mí con un enorme 100 de calificación escrito en ellos. Soy competitiva por naturaleza y me encantaba ver las brillantes estrellas de oro junto a mi nombre en los carteles que el señor Felton ponía en la pared del salón. Dicho cartel, anunciaba oficialmente a toda la clase, qué tanto sabía en división, multiplicación, suma y resta. También demostraba que no era estúpida. Estaba tan orgullosa de mí misma y muy emocionada al escuchar los halagos proferidos por Jacobo. Entonces me decía a mí misma: ¡Wow! Él piensa que yo soy inteligente.

Además del tiempo que trabajábamos con matemáticas, había un par de cosas más que me gustaban del cuarto grado; aunque a veces, durante la instrucción de la clase, me sentía completamente perdida. La otra parte que me agradaba de la escuela, era cuando me mandaban a los cubículos que estaban en la esquina de la cafetería. Ahí era donde los que estábamos aprendiendo inglés, teníamos que ir para recibir las clases con la maestra Lozada, una mujer de mediana edad con el pelo corto y gafas. Ella nos enseñaba inglés un par de horas al día. Todavía recuerdo la lectura de libros donde los protagonistas eran nada menos que Dick, Jane y Spot. Esos libros, junto con la Señora Lozada, me ayudaron a aprender Inglés. Para mí, ella fue un gran apoyo en la escuela.

Sí; ella se reía de mí pero me quería mucho. Para ella era muy chistoso que cuando me preguntaban algo, en lugar de responder con un sí, yo simplemente decía "ey". En donde yo vivía, "ey" quiere decir "sí". Yo pensaba que la situación era graciosa porque para mí, todos sabían que "ey" significaba "sí". Pero la Sra. Lozada, ni siquiera conocía esa palabra.

La hora del almuerzo era una historia completamente diferente. Yo no deseaba entrar a la cafetería de la escuela. No me gustó que los nuevos olores de la comida asaltaran mis sentidos; me llevó mucho tiempo acostumbrarme a ellos. Desde que era niña, la comida había sido mi pasatiempo número uno pero ya no. El espagueti, los frijoles con chili weenies y el pan de maíz eran lo que menos me gustaba.

Ése no era mi tipo de comida y yo no quería comer lo que nos servían; en casa, yo estaba acostumbrada a la comida mexicana tradicional con frijoles, papas, arroz y tortillas de harina. Nuestra cocina, a menudo, se llenaba del fuerte olor de los tomates y pimientos que me hacían toser cuando mamá los asaba en el comal. Me encantaba comer el picante que hacía mi mamá y ponerle un poco de especias a mi comida. Ése era el tipo de comida que yo quería para mi almuerzo. Yo quería mi comida picante. Cuando probé por primera vez la comida americana, ésta me pareció sosa y poco interesante. Y aunque no me gustaba toda la comida de la cafetería, hubo una que sí me gustó: puré de papas con salsa y un rollo, mi comida favorita desde aquella época y hasta hoy.

Durante mi cuarto grado, aprendí muchas cosas sobre mí. Fue entonces cuando me di cuenta que era diferente. Antes de eso, pensaba que no había nada malo físicamente en mí; sin embargo, las manchas amarillas en mis dientes, causadas por los productos químicos del agua de Chimaltitán, me marcaron. Además de ser una recién llegada, tener los dientes amarillos, me excluía aún más. Mi sonrisa no se parecía a la de los demás chicos de la escuela. Corrección. Sí había otro chico en la escuela cuya sonrisa

se parecía a la mía, la de mi pequeño hermano Mateo que era un
año más chico que yo. Nosotros, en la familia, éramos los únicos
con manchas amarillas en los dientes.

Odiaba los días en que nos tomaban fotografías. ¿Por
qué los malditos fotógrafos de la escuela insistían en hacerme
sonreír? Me enfurecía cuando me decían "di cheese". No quería
ver la expresión de sus rostros cuando en lugar de mostrar mis
dientes blancos, les mostraba mis dientes manchados, amarillos.
Yo sabía que mi sonrisa arruinaría la foto. Siempre me sentí muy
incómoda, sobre todo cuando estaba hablando y había niños
pequeños a mi alrededor. Tan pronto abría mi boca, sabía por
la expresión de sus caras, que los niños les estaban preguntando
a sus madres por qué mis dientes eran amarillos. Yo quería
desaparecer; solía suplicar: *"Dios por favor, hazme invisible"*.

Una mejor amiga improbable

En 1979, mi padre compró una casa en una vecindad
tranquila y agradable en el lado "bueno" de la ciudad. Entonces
nos mudamos de la casa de la tía Benita. Todos trabajamos duro
por la casa, la pagamos con nuestra sangre y sudor durante la
pizca de uva y la poda de cada año. La casa tenía dos habitaciones
que todos teníamos que compartir.

Lo mejor de la casa era su gran patio que pronto se
convertiría en nuestro espacio de recreo. También fue nuestro
proyecto de fin de semana porque siempre había que hacer mucho
trabajo en él: cortar el césped, arrancar las hierbas, rastrillar las
hojas y cortar un seto que rodeaba nuestra casa. Nos mantenía
ocupados todo el día, tanto, que nos quedaba poco tiempo para
jugar con los niños de la vecindad.

Cómo esperaba el momento en que papá le decía a mi
mamá "voy a dar una vuelta". Esas dulces palabras nos sonaban
a libertad. Siempre que se iba por algunas horas, jugábamos luz
roja- luz verde, pato-pato-ganso, kickball y béisbol con los chicos

del barrio que tenían ojos azules y cabello rubio. En ese tiempo, nosotros éramos los únicos mexicanos que vivían en la Avenida Hawley.

Además de conocer a nuevos niños con quién jugar, cuando nos mudamos a nuestra nueva casa, también conocí a alguien que se volvió muy querida por mí, la Sra. Fay Reynolds, una vecina que vivía al otro lado de la calle. Ella era una dulce anciana con el cabello blanco y ondulado. Casi a sus 70 años, era una viuda que vivía sola pero sus hijos y nietos la visitaban frecuentemente. Ella era el tipo de persona mayor en la que me gustaría convertirme en mi vejez. Tranquila y amorosa, son dos características que la describen perfectamente.

Ella era como la abuela que nunca tuve porque mamá y papá perdieron a sus madres cuando ellos eran muy chicos. Pronto la señora Reynolds se convirtió en mi mejor amiga y mi ángel de la guarda, y su hogar se convirtió en mi refugio. En su casa me sentía segura y feliz; ella me escuchaba y me ayudaba a ver el valor de ser optimista. A través de sus historias, aprendí de las luchas que todos enfrentamos en algún momento de nuestras vidas.

En una ocasión, ella me habló de la Depresión de los Estados Unidos, cuando ella y su familia tuvieron que subsistir con muy poco. Yo pude ver su actitud positiva aunque haya perdido a su marido y haya tenido que vivir muchos años sola. Sus palabras amables, me ayudaron a darme cuenta de que había buenas personas en este mundo. Eres tan proactiva, me decía frecuentemente la Sra. Reynolds, cuando yo estaba trabajando en su patio. Yo no sabía qué significaba pero sí reconocía ese tono alentador y escucharla decirlo, me encantó. Sus palabras estaban acompañadas de una sonrisa así que yo sabía que lo que decía acerca de mí era bueno. Ella siempre contó conmigo para ayudarle a hacer las tareas de la casa.

A menudo le ayudaba a regar las plantas y cortar el césped que era tan grande como un campo de béisbol. Ella, no sólo me daba alimento para el alma sino que también alimentó mi barriga. Gracias a ella descubrí que había comida americana que sí me gustaba, las hamburguesas caseras que me preparaba eran deliciosas. Después de comer, me iba a mi casa y le contaba a mi familia todo sobre mi nueva amiga y sobre la rica comida que me daba. Las hamburguesas, los vegetales y las tartas de manzana eran riquísimas pero el té helado era otra historia. Cuando lo probé por primera vez, no podía creer que la gente en realidad lo bebía y lo disfrutaba. Yo pensaba: "esto sabe a los remedios caseros de mamá".

Cada minuto que pasé en casa de la señora Reynolds fue un regalo de Dios y un soplo de aire fresco. Mi casa no me daba la misma sensación de calidez. A menudo me escapaba a su casa para hacer las cosas que me pedía a pesar de que mi padre me quitaba todo el dinero que ella me pagaba. Con sólo estar lejos, sentía alivio y felicidad, por eso, ansiosamente esperaba que me llame cuando necesitaba mi ayuda.

El papá al que yo le temía y cuya presencia me intimidaba, no existía; desaparecía mientras yo estaba trabajando en casa de la señora Reynolds. Cuando trabajaba en su jardín, a unos doscientos metros de mi casa, podía ver a mi padre pero al menos no tenía que escuchar su voz. Él no me controlaba por un rato. Ahí encontré una existencia pacífica donde nadie me gritaba ni me menospreciaba. Durante los momentos que yo pasaba en aquella casa, soñaba despierta con el día en que me convertiría en alguien importante.

Otra nueva escuela

Mudarnos a nuestra nueva casa en el oeste de la ciudad de Sanger, significaba otra nueva escuela. La escuela Madison, era un nuevo lugar con muchas caras nuevas. También significaba dejar a la maestra Lozada, mi primera profesora de inglés cuya sonrisa me hacía sentir especial y aceptada. Me partió el corazón cuando ella ya no estaba para que me saque del salón y me lleve a la clase donde aprendía inglés. A menos de un año de mi llegada a California, me pusieron en una clase regular con otros niños de habla inglesa. Entonces, todo el día, me la pasaba perdida durante las clases pues aún necesitaba apoyo en el inglés. Hablaba más inglés, sí, pero aún no lo dominaba.

Yo era capaz de comunicarme con los niños fuera del salón pero no tenía el lenguaje necesario para lograr el aprendizaje académico. El resultado fue que yo no aprendí mucho de historia o ciencia ese año porque no estaba preparada para hacer tantas lecturas con mi conocimiento de inglés tan limitado. En mi nueva escuela me perdía de las clases de inglés de la maestra Lozada, sí, pero algunos niños, muchos diría yo, estaban mejor que los niños de la Escuela Lincoln. También agradecía ya no tener que aguantar a Yvette. A pesar de ser "la nueva chica" de nuevo, yo era muy feliz porque la escuela Madison me gustaba mucho más que la anterior.

Tengo tantos recuerdos agradables de la Escuela Madison que me dan ganas de volver a visitarla y revivir esas experiencias memorables de mi niñez. Norma, Ana, Sofía, Iris y Janie, eran más buenas y amables que las chicas de la Lincoln, a excepción de Larissa y Melanie, por supuesto. También estaba Norma, una chica que vivía a pocas cuadras de nuestra casa en la Avenida Hawley. Norma tenía una dulce voz que hacía juego con su personalidad; ella era una de las chicas más amables en la Madison.

Otra amiga que hice en mi nueva escuela fue Tammy. Ella vivía en la misma calle que yo, en una casa de color menta. Tammy era una chica amable, dulce e hija única que vivía con su madre porque sus padres se divorciaron. Las dos seguimos siendo buenas amigas de la primaria hasta la secundaria. Juntas vivimos grandes momentos en el parque infantil. Las barras, los columpios y el tetherball, nos llamaban todos los días durante el recreo. Jugar ahí con Sofía e Iris era divertido. Todo estaba bien siempre y cuando Silvina Rosales no jugara con nosotras porque ella era la "reina de la pelota", de toda la escuela. Sus puños de hierro la ayudaron a vencer a todos los que jugaron en su contra. Cuando golpeaba la bola, ella era audaz y valiente así que al jugar contra ella, no tenía ninguna oportunidad. Ella era genial jugando tetherball. El tetherball era un buen juego, pero sentía muchas ganas de llorar cuando golpeaba con mis muñecas la parte dura de la bola donde se conecta al gancho de metal. Eso realmente duele.

En general, siempre tenía ganas de ir a la escuela Madison. Incluso el edificio escolar, color verde, era más atractivo y acogedor pero para mi desgracia, había un problema: mi nueva escuela vino con otra chica mala, Roxanne; ella no era grande pero sí de aspecto rudo y tenía una voz que parecía de niño. Para colmo de males, teníamos el mismo apellido; recuerdo que en una ocasión me pregunté por qué teníamos que tener el mismo apellido. Ella nunca me amenazó con darme una paliza pero su aspecto, su voz ronca y sus bromas, me intimidaban.

Llegó el día de los inocentes y yo no sabía la importancia de la fecha. Entonces ella me dijo; "están sueltas tus agujetas." Cual maniquí, volteé a ver mis pies mientras ella gritaba "día de los inocentes". Yo había caído en la broma, propia de esas fechas. Al ver una enorme sonrisa en su rostro, inmediatamente me puse de mal humor. Yo era una boba, una tonta y una mensa. Era todo lo anterior. Eso es lo que había oído tantas veces y en eso me estaba convirtiendo.

Odiaba todo lo relacionado con aquella chica, su gran rostro, su boca grande y sus palabras. Su sola presencia, me dejó recuerdos desagradables de mis dos años que estuve en la Madison.

A pesar de Roxanne, yo estaba muy contenta en mi nueva escuela porque ninguno de mis nuevos compañeros de clase, me persiguió, me llamó "mojada" o me amenazó con darme una paliza.

Aunque mi situación mejoró, mi autoestima, aún estaba

muy baja todo el tiempo. En la hora del recreo, los niños, elegían a los jugadores para sus equipos. Lo menos que podían hacer, era traernos una silla. Me volví una experta en esperar de pie a que alguien me llamara por mi nombre para estar en su equipo. ¿Por qué el maestro no simplemente asignaba equipos para salvarnos de la vergüenza de ser el compañero menos popular y el no deseado? Ser la última elegida por un equipo, se convirtió en la peor parte del recreo.

Sólo recuerdo vagamente a dos maestros de la escuela Madison. La señora Sterling fue mi maestra en quinto grado y yo, no recuerdo haber hablado mucho con ella. Sólo sabía que era una señora agradable que parecía ser la abuela de alguien. También recuerdo al señor Edwards que era uno de los maestros de sexto grado. Él parecía un vaquero con su camisa de cuadros y pantalones vaqueros Wrangler. Incluso sonaba como uno porque cuando hablaba, su voz era fuerte y brusca. Ese mismo año me dio varicela durante las últimas semanas de clase. Estar enferma, significó perderme las fiestas de fin de año.

Otra cosa que vale la pena mencionar de esa época, es que durante esos dos años, siempre usé tenis de niño. Como éramos muy pobres, mi papá compró el mismo tipo de tenis, blanco y negro, para mi hermano Mateo y para mí. Tener que llevar tenis de niño a la escuela, para mí era vergonzoso. Usé aquellos zapatos hasta que quedaron viejos y llenos de agujeros. ¿Mi papá no se daba cuenta que yo era niña y tenía que lucir femenina? Yo quería verme bonita para que Rubén se fijara en mí. Rubén es un chico que me gustaba en quinto grado. Tenía una piel muy clara como Blancanieves y su cabello era oscuro y lacio. Siempre llevaba pantalones oscuros con una camiseta blanca. Realmente pensaba que era bien guapo pero creo que él ni siquiera sabía que yo existía. Más tarde me di cuenta de que tenía que olvidarlo porque no había ninguna posibilidad para mí puesto que él era pariente de la chica mala. Otro chico que me flechó fue Jason. Su voz lo hacía interesante y también era bien parecido. Él me gustaba mucho pero nunca lo supo. Yo sentía que no era atractiva por eso pensaba que era la última chica en la que él se podría fijar.

Las lágrimas de Sanger High

La última campanada de la escuela sonaba a las 3:15; eso significaba que tenía que darme prisa y llegar a casa lo más pronto posible para comenzar a hacer mis quehaceres. Si me tomaba mucho tiempo, pobre de mí pues mi padre estaba contándome los minutos. Apenas llegaba a casa, yo tenía que cocinar, limpiar, barrer, lavar la ropa y todo lo que se necesitaba para ayudar a la familia. Siempre había algo que hacer en la casa.

Marco, mi hermano menor, nació en septiembre de 1979 y con él, mis responsabilidades aumentaron pues tenía que cuidarlo. Después de que él naciera, mamá consiguió un trabajo como clasificadora y empacadora en la Empacadora Suma que se encontraba en la parte sur de la avenida Academia, en Sanger. Mamá trabajó en esa empacadora durante muchos años. También mi hermana Miriam y yo trabajamos allí, después de graduarnos de Sanger High y cuando estábamos de vacaciones de verano.

Durante los años en que mamá trabajó en la empacadora, tenía el cabello largo y lacio. Ella tenía tanto pelo que cuando se hacía trenzas, éstas le quedaban bien gruesas, tanto que parecían unas cuerdas gruesas y pesadas. Después de los largos turnos de trabajo, ella empezó a tener fuertes dolores de cabeza debido al peso de su larga cabellera.

Las jornadas de trabajo tan largas, estaban cobrándole la factura. Harto de escuchar sus quejas, mi papá finalmente cedió a sus ruegos. Un día, él tomó las tijeras y le cortó su cabello que estaba trenzado. Desde niña, siempre había visto a mamá con el pelo largo y tener que verla con el cabello corto, fue algo a lo que tuve que acostumbrarme. Para nosotros fue un gran acontecimiento cuando consiguió que papá permitiera que su largo y hermoso cabello fuera cortado hasta los hombros. Yo no estaba contenta con su nuevo "look" pero me alegraba que ya no se quejara de los frecuentes dolores de cabeza.

Hasta dónde puedo recordar, mamá siempre trabajó en empacadoras. Sin embargo, cuando ahí no había trabajo o éste estaba muy lento, ella trabajaba en el campo con nosotros o con mi papá. En cambio, mi hermana Miriam, que era tres años mayor que yo, frecuentemente trabajaba en el cine local en Sanger o en La Morena, una tienda de comida mexicana; ambos lugares estaban ubicados en el este de la ciudad, en una zona conocida por todo el mundo, como "La Chancla".

Mientras estudiaban en Sanger High, Miriam y mi hermano Leonardo, trabajaron ahí. Cuando salía de la escuela, yo tenía que hacer la mayor parte de las tareas del hogar porque era la única que estaba en casa y, me tenía que quedar cuidando a mis hermanitos, el adorable Marcos y Mona que parecía una muñeca linda. Una de las tareas interminables que tenía, era lavar la ropa. Nuestra lavadora era de las antiguas con un escurridor construido por donde solíamos pasar la ropa mojada para exprimirla; como tampoco teníamos secadora, después de lavar había que colgar la ropa en el tendedero que se encontraba en el patio trasero.

En esos años, ir a la Escuela Washington con ropa húmeda, no era cosa rara para mí. Yo quería usar ropa bonita pero no podíamos permitirnos el lujo de comprar mucha. Como tenía poca ropa, la repetía un par de veces a la semana y esto era un problema en el invierno porque el poco sol que había no era suficiente para que la ropa se seque. En varias ocasiones, tuve que secar mis pantalones con la plancha ya que nunca se secaban por completo. Aunque mi piel se enfriaba e irritaba por usar pantalones mojados, yo no estaba dispuesta a llevar ropa sucia a la escuela. Ahora, me da escalofríos de sólo pensar en los pantalones húmedos tocando mi piel.

Además de tener que limpiar, cocinar, lavar y planchar la ropa, tenía que cuidar a mis hermanos Marco y la pequeña Mona que como ya dije, eran más chicos que yo. Desde que Marcos era bebé, tenía que cambiarle los pañales y darle de comer cuando mamá estaba en el trabajo. De todo, lavar los pañales era lo que más odiaba pues como mi hermanito era alérgico a los pañales desechables, tenía que usar pañales de tela.

Yo estaba de guardia para cambiarle los pañales 24/7 y para lavarlos también. De hecho, la mayor parte del tiempo me quedaba atrapada haciendo todas las tareas y las actividades de la casa porque todo el mundo estaba en el trabajo. Mi blusa favorita, de color amarillo y grandes flores rojas, se rasgó de tanto apoyarla en el fregadero en donde lavaba los platos alrededor de tres veces al día. El lavabo de madera estaba viejo y tenía una parte rota que se atoraba con mi blusa haciéndole un corte horizontal en el frente. Éramos tantos en la casa que siempre había platos que lavar. Mi tarea y el estudio, tenían que esperar hasta que haya terminado con todo el trabajo doméstico. En esa época, daban las diez de la noche y apenas me iba a sentar a hacer la tarea y, aunque muy agotada, estaba decidida a poner toda mi energía para hacerla bien.

Otra cosa que me mantenía ocupada era que yo cuidaba a la ahijada de mi madre y a sus hermanitas pues después de la escuela, las dejaban en nuestra casa. Yo las cuidaba un par de horas mientras su madre estaba trabajando. A mí me gustaba cuidar a mis hermanitos y a aquellas niñas porque era una distracción para mí. También me daba la oportunidad de ganar algo de dinero aunque mi papá todavía me lo quitaba. Entonces aprendí que no importaba el trabajo que encontrara, yo nunca sería capaz de quedarme con parte del dinero que ganaba. Después de tantos años de trabajar como niñera, pensé en estudiar para maestra porque cuando jugábamos a la escuelita, los niños que cuidaba se convertían en mis estudiantes y, las mesas plegables para cenar, se convertían en mi mobiliario escolar.

Les di un buen uso convirtiéndolos en escritorios improvisados y los viejos libros que encontré en mi casa, fueron los libros de texto que les asigné a mis estudiantes. Ésos fueron algunos momentos de diversión. Ese mundo feliz que yo cree, siempre fue un escape en medio de las tareas del hogar y el miedo.

Siempre trabajé muy duro para hacer bien las cosas de la escuela. Yo no tenía la ayuda de mis papás puesto que ellos trabajaban todo el día y ninguno de los dos hablaba inglés. Lo único que podían hacer, era enviarnos a la escuela cada mañana. Mamá fue a todas las graduaciones de nuestras escuelas pero papá no. Él nunca iba a los eventos escolares; por eso llegó el momento en que ni siquiera le preguntábamos porque ya sabíamos cuál sería su respuesta.

Tampoco fue a los eventos deportivos de mi hermano Mateo, nunca. A Mateo como era niño, sí se le permitió hacer deporte y a mí no. Como yo era niña, tenía que quedarme en la casa para ayudar a la familia porque "eso", es lo que se supone que las niñas deben hacer. En secreto, yo deseaba estar en actividades extracurriculares pero sabía que para mí, eso no estaba permitido. Si me hubieran dejado, habría jugado futbol o me hubiera unido al coro que siempre había sido mi pasión.

Durante mis dos años en la escuela Washington, me fue muy bien en todas mis clases. Como materia optativa, tomé francés con la señora Moore; ciencias sociales, con el señor Carson; inglés con la señora Tamez y, economía del hogar con una maestra muy alta cuyo nombre no recuerdo. De lo que sí me acuerdo, es de su pelo que estaba tan alto que parecía que traía peluca. Ella hablaba todo el tiempo de Gemco porque ahí se iba a comprar las cosas que necesitaba para nuestra clase de cocina. Gracias a su clase, aprendí a hornear y lo amé.

Otra de las clases que recuerdo bien, es la de francés. De todos los tiempos, fue mi clase preferida aunque no recuerdo mucho de ese idioma, a excepción de los números del uno al veinte. La maestra Moore, nos enseñó a hacer crepas y cantar canciones francesas, incluso, nos cambió nuestros nombres al francés, aunque en mi caso no sentí nada especial porque lo único que hizo fue cambiar la ortografía de mi nombre. Me sentía engañada. Yo quería un nombre realmente francés. Todos los demás nombres sonaban más frescos y melodiosos. Hubiera preferido algo más afrancesado como Solange, nombre que recibió mi amiga Yesenia. Saúl, era uno de mis compañeros de clase, mexicano, alto y de ojos verdes. Él y yo éramos los mejores estudiantes de la clase de francés y Yesenia estaba justo debajo de nosotros. Amé tanto el francés que lo tomé por dos años. Durante esos dos años en la Escuela Washington, mis clases favoritas, en su mayoría, eran las optativas.

De las asignaturas de tronco común, la que más me gustaba era "estudios sociales, con el maestro Carson, un hombre de unos sesenta años que caminaba con una leve cojera. No recuerdo por qué cojeaba pero era uno de mis maestros favoritos y recuerdo bien su clase porque me dieron un 97% en mi prueba sobre la Constitución. En el 8º grado, todos teníamos que estudiarla y memorizar el Preámbulo. También tuvimos que presentar el examen sobre la Constitución de los Estados Unidos, la prueba más importante del octavo grado.

La escuela nos animó a hacer el mayor de nuestros esfuerzos. Los alumnos que sacaran las calificaciones más altas en aquella evaluación, de premio, irían a una visita de campo a la capital del estado. Obvio, yo saqué 97% en mi evaluación y fui a Sacramento. El viaje a la capital del Estado, significaba que me subiría a un tren por primera vez en mi vida. Mi familia y yo, nunca salíamos de viaje por eso, la ida a Sacramento era más especial para mí. Probablemente, ese fue el viaje más largo que nunca había hecho a excepción de cuando dejamos nuestro pequeño pueblo en México para venir a California.

Mis mejores amigas cuando asistía a la Washington, eran Yesenia, una chica delgada con el pelo muy rizado; Tammy, mi vecina y amiga que conocí en la Primaria Madison, y otra chica llamada Joanne, que tenía un apellido poco común que comenzaba con una "Z". Su apellido era tan raro que ni lo recuerdo. Ella era alta y delgada con el pelo corto y rizado.

Durante las fiestas del 8 ° grado, al final del año escolar, hicimos un viaje a Roller Towne que organizó la escuela, y fue muy divertido. Esa fue la primera vez que practiqué el patinaje sobre ruedas. Seguro fui una buena patinadora porque no me rompí ningún hueso.

En 1983, me gradué de la escuela Washington Junior High. Aunque mis dos años en esa escuela, en su mayoría pasaron sin incidentes, sí hay un día que se destaca y me dejó cicatrices emocionales. Todo sucedió el día de mi graduación. En aquel entonces, no estábamos obligadas a llevar vestidos de noche. En su lugar, podríamos usar ropa semi-formal. Elegí un vestido blanco de encaje con tirantes y un top de encaje con mangas cortas. Era un gran día para mí; mi primera graduación en los Estados Unidos y yo, sabía que habrían muchas más en el futuro. Me peiné y me arreglé el cabello yo misma, me puse el vestido tan bonito y estaba lista para irme. Cuando le pedí a mi padre que me llevara al Estadio Tom Flores, se negó. Para nada me sorprendió que me dijera que *no* porque él nunca iba a ninguno de nuestros eventos escolares. Lo menos que podría haber hecho, era subirse a su camioneta Ford blanca y dejarme en el estadio. ¿Realmente quería que yo caminara por el campo de tierra con mi vestido largo y tacones altos? Yo me preguntaba si estaba en su sano juicio. El lote de tierra que estaba al lado de nuestra casa, siempre había sido nuestro patio de recreo infantil, pero no era un lugar en donde yo quería caminar ese día tan especial. Cualquier otro día, me habría sentido feliz al caminar o correr por allí.

Ese día, las lágrimas hincharon mis ojos y sentí como estaba sangrando una profunda herida dentro de mi. La rabia que sentía estaba envenenando mi alma. Debido a mi naturaleza sensible, me quedé en silencio cuando me dijo que no me iba a llevar al estadio. Me dirigí hacia la puerta y caminé hacia el montón de tierra sin decir una palabra. Hester, la hija de la señora Reynolds que vivía en Oregón y había ido de visita, se dio cuenta que yo estaba llorando y caminando por el campo de tierra.

Cuando vio la situación en que estaba, se ofreció a llevarme al estadio para que no fuera a arruinar mi hermoso vestido blanco. Hester era una señora dulce, generosa y amable al igual que su madre. Ella y yo nos conocíamos bien porque cada vez que venía a California para visitar a su madre, me aseguraba de visitarla al menos una vez. Incluso aquel año, ella me dio un hermoso álbum de fotos como regalo de graduación. Hester fue mi héroe ese día.

REFLEXIÓN

....

Reflexionar............	¿Qué estaba pensando al leer sobre las responsabilidades laborales y familiares interminables? ¿Cómo se sintió cuando estaba leyendo sobre las personas especiales en nuestras vidas?
Examinar	Después de leer esta sección, ¿hay aspectos de mi vida que le recuerden su vida o sus experiencias? ¿Hay alguna persona que ha tenido un impacto positivo en su vida? ¿Alguna vez, ha sido intimidado o ha recibido malos tratos?
Aplicar	¿Qué consejo le daría a las personas que son intimidadas? ¿Qué haría usted si ve a alguien que está siendo intimidado? ¿Qué puede hacer para dar apoyo moral a alguien con esta problemática?
Aprender	¿Qué lecciones ha aprendido de los personajes de esta sección? ¿Qué lección le ha enseñado una persona importante en su vida?
Motivar..................	Después de leer esta sección, ¿hay algo que le gustaría cambiar de sí mismo? ¿Cómo le beneficiaría a usted o a los que le rodean hacer estos cambios?

LA FAMILIA EN EL TRABAJO

ODIAR A "EL MONSTRUO"

Nuestra casa estaba llena de terror. En mi corazón, no había amor para mi padre. Sólo recuerdo la sensación de miedo y resentimiento. Él, criticaba nuestra forma de hablar y de hacer todo, la forma en que masticábamos nuestra comida al sentarnos con él a la mesa. No importa lo que yo esté haciendo, siempre sentía sus ojos mirándome. Siempre estaba preparado para atacarme con sus palabras desagradables. Los peores recuerdos que tengo de mi infancia, son cuando mamá y mi papá, estaban discutiendo en casa mientras que yo estaba en el patio delantero con mis hermanos. El ruido de los platos que le lanzaba, los golpes y, los gritos y gemidos de mamá, durante sus episodios violentos, hacían que mi corazón latiera más rápido. Me asustaba tanto cuando mi papá estaba golpeando a mi mamá que, a veces, casi tenía una evacuación intestinal. Quería correr y contarle a alguien lo que estaba pasando. Entonces, me preguntaba tantas cosas: ¿Adónde puedo correr? ¿Quién puede ayudarnos? ¿Cuál fue la causa de toda esa ira en él? Me sentía tan impotente, sólo podía esperar a que esos episodios terminaran deseando que él saliera de la casa y nos diera un poco de paz. Nada tenía sentido. Lo único que yo quería era que él dejara de ser tan malo con nosotros.

Una vez, cuando yo todavía estaba en la Escuela Sanger High, me golpeó en mi espalda con un rifle. Ni siquiera recuerdo por qué se enojó tanto conmigo. En ese momento, sólo quería que me matara de una vez. El dolor del rifle golpeando mi espalda era muy difícil de soportar. Más tarde, mamá escondió el rifle y mi papá tuvo el descaro de acusarme de haberlo escondido. ¡Idiota! Sentía ganas de gritar. "*A ustedes les gustan los chingadazos*", era algo que nos decía mucho. Después de golpearnos, él nos preguntaba en voz alta ¿*Quieres más?* Cuando lo oía decir eso, yo solía pensar que era un idiota y un estúpido por pronunciar esas palabras. ¿Quién quiere ser golpeado y ridiculizado? ¿Qué clase de ser humano le pregunta a un niño si quiere ser golpeado otra vez? A menudo me preguntaba si él tenía idea de lo que yo pensaba de él. No eran buenos pensamientos...

Mis hermanos y yo le pusimos el apodo de "*El Monstruo*" pero claro que él, nunca lo supo. Mirando hacia atrás, en el tiempo, me siento mal al recordar el horrendo sobrenombre que le pusimos pero revela nuestra desesperación mental en aquellos tiempos. Cuando llegaba a casa, ya sea del trabajo o del billar, a donde acudía regularmente a jugar y tomar con sus amigos, podíamos oír el sonido del motor de su camioneta Ford color blanco que se acercaba a la entrada de la casa. Entonces, le gritábamos a todos en la casa: ¡*Ya viene el monstruo!* Rápidamente poníamos en orden toda la casa y tratábamos de estar quietecitos y con nuestro mejor comportamiento para que no nos gritara. Todo el tiempo yo estaba pensando: "no somos niños malos; por qué tenemos que crecer con odio hacia nuestro propio padre".

Las reglas de la casa no dejaban lugar para la diversión, al menos mientras él estaba allí. No nos permitía usar el teléfono, absolutamente nunca. El teléfono era para ser utilizado sólo por mis padres; no había excepciones. Cada vez que sonaba, era un desastre potencial. Cuando alguien llamaba, mi papá siempre levantaba el teléfono y si era un número equivocado y alguien le colgaba, él, acusaba a mi hermana Miriam o a mi hermano Leonardo de darle nuestro número de teléfono a sus amigos. Ellos, eran dos adolescentes bien parecidos y muy sociables que a menudo, le daban el número telefónico a sus amigos como lo haría cualquier chico normal. Sin embargo, el resultado era que todos nos metíamos en problemas. Eso me dejó traumatizada. Yo odiaba el sonido del timbre del maldito teléfono. Cada vez que sonaba, mi corazón latía más rápido y yo rezaba para que no hubiese problemas. Que resultara número equivocado o le colgaran, era una mala noticia para todos nosotros, porque podría desencadenar otra paliza, especialmente para mi hermana Miriam pues probablemente aquella llamada era para ella.

Nuestro padre era un conductor de esclavos, un dictador y alguien a quien yo compadecía. Durante una de sus muchas sesiones de golpes, mi hermana Miriam dijo: "*Perdónale Señor, porque él no sabe lo que hace*". Esas palabras no tenían sentido para mí, pero de todas maneras resonaban en mi mente porque yo necesitaba algo para sostenerme. Necesitaba algo que me mantuviera fuerte y que me ayudara a encontrarle sentido a mi mundo. "*Señor, ayúdame a hacer algo fuera de esta vida que temo; ayúdame a escapar de este dolor y sufrimiento*". Estas eran mis oraciones cada noche.

El trabajo interminable

Mi papá, nos ponía a trabajar cada minuto en que estábamos despiertos. Teníamos que cocinar, limpiar, lavar y planchar la ropa, cortar el césped, recoger las hojas y, recortar los arbustos. Obviamente, cuando estábamos en la casa, todo ese trabajo, nos dejaba muy poco tiempo para descansar. Y cuando no había nada que hacer, él conducía por las calles de la ciudad con Mateo y conmigo para recoger las latas de aluminio que nos encontrábamos en el camino. Él nos bajaba a cada uno en un lado de la carretera para que recojamos las latas y luego las lleváramos a vender por unos centavos. Mientras caminábamos por la orilla de la carretera, recogiendo latas en una bolsa grande de plástico, él conducía lentamente detrás de nosotros. Otro trabajo que teníamos en casa, era pelar las almendras con la mano. Ese sí que era un trabajo tedioso que realmente me lastimaba los dedos y me sacaba ampollas de tanto jalar y pelar las capas externas del fruto. Habían tres almendros en nuestro patio, por lo que en temporada, esta actividad, nos mantenía ocupados durante horas. En síntesis, a él, nunca se le acababan las tareas para que hagamos.

El único momento que teníamos para descansar, era cuando mi padre salía por unas horas; en esos momentos, jugábamos con los vecinos y éramos capaces de divertirnos como niños tontos. Nuestra terraza delantera era tan grande que teníamos suficiente espacio para jugar fútbol y béisbol. Si necesitábamos más espacio, teníamos otra zona de juegos a lado de nuestra casa. Cuando éramos pequeños, nuestro lugar de reunión favorito, era un lote baldío que estaba al final de nuestra calle. Ahí es donde nos tirábamos terrones el uno al otro, subíamos a los árboles, jugamos con plantas rodadoras y escarbamos túneles por debajo de enormes árboles de sombra. Nosotros corríamos, jugamos en la tierra, montábamos bicicletas y tuvimos tantas aventuras inolvidables. Este lote baldío estaba al norte de nuestra casa en donde terminaba la Avenida Hawley y al sur de la escuela Washington Junior High.

En ese lote había un camino que comenzaba en nuestra casa y terminaba en la escuela Washington. Caminábamos en él todos los días cuando íbamos a la escuela. Me encantaba la ubicación de nuestra casa porque vivíamos en una calle sin salida que era el escenario perfecto, una calle sin mucho tráfico y un espacio grandísimo de tierra junto a él, el sueño de todo niño. Tengo muy buenos recuerdos de ese lugar por toda la diversión que tuvimos sin gastar un sólo centavo. En la década de los 90, nuestro campo de juego se transformó en un complejo de viviendas. Aquel lote de tierra, es cosa del pasado; pero ese lugar que nos ofrecía un escape del drama en nuestra vida diaria permanecerá en mi corazón para siempre.

Cualquier descanso de la escuela significaba que trabajaríamos en el campo. Durante las temporadas de cosecha, trabajábamos como esclavos. Durante el verano, pizcábamos uvas a diario, desde el amanecer hasta la puesta del sol. En el invierno, trabajábamos en la poda, descentre y amarre de la viña. Recuerdo que terminaba tan cansada que incluso, cuando dormía, soñaba que estaba cosechando la uva o podando las viñas en mis sueños. Siempre teníamos que trabajar en los días festivos como el 4 de julio, en la víspera de Navidad y en la Navidad misma. Si no trabajábamos lo suficientemente rápido, o si podábamos mal, mi papá nos pegaba en la cabeza con las tijeras de podar.

Durante nuestras vacaciones de verano, su alarma sonaba a las cinco de la mañana; ese sonido y sus gritos, nos decían que, nuestra jornada laboral nos esperaba. Tan pronto como escuchaba a mi padre ladrar las palabras, "Es hora de levantarse", trataba de mover rápidamente mi cuerpo adolorido y cansado. Si se retrasaba el proceso de hacer tortillas, aunque sea un minuto, sabía que recibiría una patada o un puñetazo. Todos sabíamos que ese era el precio por interrumpir la rutina diaria. La primera tarea del día era cubrirnos la cabeza con un pañuelo hecho de los sacos vacíos de harina "La Piña". Así, evitábamos que nuestro pelo cayera en la masa de harina, *¡ni Dios lo quiera!* porque luego, esta harina se transformaba en deliciosas y suaves tortillas. Después de hacer las tortillas, mamá preparaba los burritos de frijoles con una gran cantidad de salsa casera con chile.

Cuando llegábamos al lugar de trabajo, listos para recoger las uvas, nos sentábamos en el coche y esperábamos a que saliera el sol para que pudiéramos empezar a pizcar. Tan pronto como tomaba mi cuchillo y la bandeja en donde colocaba las uvas, me ponía de rodillas delante de las viñas y movía con mis manos las ramas que estaban en mi camino. En varias ocasiones, antes de que tuviera la oportunidad de cortar cualquier uva, era recibida por un enjambre de mosquitos. Salían de la nada y volaban a mis ojos, oídos y nariz. Yo trataba de aguantar la respiración para que no me los tragara; sin embargo, la mayor parte del tiempo, sí terminaron en mis ojos, oídos y boca. *¡Eran tan asquerosos!* No había manera de escapar de ellos. Ahora, puedo reír de eso pero en su momento, no fue divertido.

El sol caliente era otra historia. Trabajábamos todo el día en temperaturas tan extremadamente calientes que, nos dejaban pegajosos, sudorosos y cansados. Las camisas de manga larga y las gorras que teníamos, nos servían para protegernos del sol y los guantes blancos de algodón, protegían nuestras manos para que no nos salgan ampollas o cortes. Estábamos sobre nuestras rodillas casi todo el día mientras recogíamos uvas debajo de la sombra de la viñas. La parte más difícil era tener que arrodillarse sobre la tierra caliente, sucia y con el calor insoportable para vaciar los racimos de uvas de las bandejas y tenderlas en las hojas de papel para secarse. En el almuerzo, mi papá nos daba un breve descanso para comer nuestros burritos de frijoles o sándwiches de mortadela. Como no teníamos la comida refrigerada, nuestros bocadillos siempre estaban calientes, chiclosos y con la lechuga marchita. Estaba fastidiada y cansada de comer siempre los sándwiches de mortadela con pan blanco de la marca Rainbow. Eso comíamos prácticamente todos los días durante la temporada de cosecha.

Los días en que la temperatura llegaba a los 109 grados, desde adelante de nosotros, oíamos a mi padre decir: *"voy a la tienda "*; eso anticipaba la hora del almuerzo con un refresco bien frío: la idea de un refresco de naranja Crush, era casi abrumadora. Era una gran sensación beber algo frío y refrescante en medio del sofocante calor mientras estábamos sentados bajo las sombras de las viñas. Pensar en una soda fría en mi boca, en un caluroso día, trae una sonrisa a mi cara, incluso hoy en día.

Todo el día pizcábamos uvas Thompson; desde que se ponía el sol hasta que se ocultaba. Si el día hubiera tenido más luz solar, hubiéramos trabajado más, mucho más tiempo. Todavía recuerdo escuchar a mi padre diciendo: *"vamos a hacer un surco más"*. Se suponía que sólo haríamos un par de tablas en ese surco y guardaríamos el resto para el día siguiente, pero siempre sabíamos sus trucos. Comenzábamos a pizcar el surco, pero al fin nos quedábamos hasta terminarlo.

Las doce o trece horas de trabajo por día, eran agotadoras y más bajo aquel calor, que nos dejaba realmente cansados. Hoy en día, cuando estoy cerca de un viñedo, el olor de las uvas podridas me lleva, en un viaje por el tiempo, a esos lugares donde pizcaba, lugares que prefiero ya no recordar. Sin embargo, cuando pienso en un refresco de naranja bien frío y en un burrito de frijoles hecho en casa con tortillas de harina, todavía se me hace "agua la boca" porque me acuerdo con cariño de esos almuerzos. Esos alimentos iluminaron y refrescaron nuestros días abrasadores de verano en los campos del valle.

Durante los fríos inviernos, ir a dormir no daba a mi cuerpo y alma el descanso que necesitaba después de trabajar todo el día. La peor parte de la jornada laboral, era cuando mi papá nos daba un golpe en la cabeza con sus tijeras de podar o bien, cuando una rama mal intencionada, nos sorprendía golpeándonos la cara cuando estábamos atando las ramas de las viñas. Al final del día, lo terrible de éste, desaparecía temporalmente cuando me iba a dormir. Sin embargo, había épocas en que estábamos tan sobrecargados de trabajo que incluso, cuando estaba dormida, éste no se marchaba, no se acababa. En mis sueños, yo estaba podando afanosamente las viñas; el trabajo estaba en mi mente día y noche.

Los días largos y sombríos de invierno, parecían no tener fin. Con muchas ganas de volver a la escuela, yo contaba los días que quedaban antes de que las vacaciones terminaran. *¡Odiaba las vacaciones!* Para mí, ir a la escuela era estar de vacaciones y, salir de vacaciones, era entrar a trabajar. Cada vez que estaba podando viñas, miraba hacia el final del surco e imaginaba que mi vida podía ser diferente; pensaba que podía haber algo más allá que pasarse la vida podando las viñas del surco. Para mí, el surco representaba solamente un capítulo de mi vida. Al final de ese surco de viñas, mi vida sería mejor. Yo estaba segura de eso.

Mientras trabajaba en el campo, miraba los coches

transitar por la Avenida Jensen y sentía tanta envidia. Cómo me hubiera gustado ser pasajero de alguno de los tantos carros que circulaban por ahí. A menudo, pensaba y trataba de imaginar a dónde iban esas personas tan afortunadas. Me preguntaba por qué yo no estaba en uno de esos coches en lugar de permanecer en los campos con aquel capataz de esclavos que, nos golpeaba la cabeza cuando trabajábamos con demasiada lentitud o cuando al podar, cortábamos la rama equivocada. Atar las viñas y descentrarlas (cortar las viñas viejas envueltas alrededor de los alambres), no eran trabajos tan malos. La parte difícil venía cuando teníamos que podar porque se esperaba que podría cortar solita las viñas pero yo, no tenía la debida formación en esos menesteres pues mi padre, no era un buen maestro. Cuando él nos estaba mostrando cómo podar una viña, yo permanecía tan asustada que no podía concentrarme en sus instrucciones. Yo sólo fingía estar escuchando. Temía mucho sus inspecciones de nuestro trabajo porque más a menudo que nunca, sabía que haría lo imposible para encontrar un error y reprendernos. Si hoy, me afeitara la cabeza, usted mi querido lector, podría ver las muchas cicatrices que mi padre me dejó de los múltiples golpes recibidos con las tijeras de podar. Estoy segura que tengo tantas cicatrices en la cabeza que podríamos jugar a conectar los puntos entre ellas.

Durante esas noches de invierno, nebulosas y húmedas, yo rezaba para que lloviera muy fuerte para que pudiéramos tener un día de descanso, pero la lluvia cual conspiración, rara vez mostraba su cara. ¡*Maldición*! Mi cuerpo estaba más que adolorido por mantener levantados mis brazos todo el día y permanecer de pie durante más de diez horas.

Desafortunadamente, después de llegar a casa, también había muchísimas tareas domésticas que rogaban por nuestra atención. Habían muchas cosas por hacer: lavar, cocinar y limpiar. Después de terminar con todas esas tareas domésticas, nos íbamos a la cama y al día siguiente, teníamos que seguir la misma rutina.

El único recuerdo bueno y agradable que tengo de aquellos

días de temperaturas congelantes, es, una vez más, el momento del almuerzo. Mi papá nos enviaba a caminar por el viñedo para reunir viñas secas que estaban caídas para poder hacer fuego y cocinar nuestros alimentos. Después de caminar por los viñedos y recoger algunas ramas y viñas viejas y rotas, volvíamos con gran impaciencia. Todo estaba listo para esperar a que papá empiece a asar la carne y para que mi mamá calentara las tortillas de maíz. Los filetes de carne fresca estaban sazonados y listos para ser cocinados. Con sólo el aroma de la carne, bastaba para que mi nariz se pusiera feliz y yo, siempre estaba ansiosa porque llegara la hora del almuerzo y saciar mi apetito; he de reconocer que yo siempre estaba tratando de encontrar algo de felicidad en esa deprimente existencia y la comida, era un buen momento. Yo me saciaba y disfrutaba de la *carne asada* envuelta con tortillas de maíz y ahogada en salsa casera de chile que mamá preparaba. Esos almuerzos con carne asada para hacer unos ricos tacos, eran el punto culminante de mi día y lo único que esperaba con impaciencia.

El visitante inesperado

Una mañana, después de despertar, algo parecía muy extraño. Yo sentía algo raro. No tengo idea de cuántos años tenía en ese momento pero sí recuerdo que todavía estaba en la escuela secundaria. De pronto, sentí un cosquilleo en mi oído derecho; la sensación era como que algo se arrastraba ahí adentro. Entonces, sacudí la cabeza frenéticamente con la esperanza de que el malestar se detuviera, pero el movimiento continuó, el cosquilleo persistía. Decidí inclinar la cabeza del lado derecho y, con la palma de mi mano izquierda, me golpeé fuertemente a la altura de la sien; esa fue la única solución que se me ocurrió en aquel momento. Mi esperanza era que aquello que estaba en mi oído, acabara por salir. Por supuesto, no obtuve ningún resultado. ¡*No funcionó*! No importa lo mucho que me incliné y lo mucho que me golpeé la cabeza, esa terrible sensación continuó.

La peor parte de todo aquel sufrimiento es que, yo sabía que no teníamos ningún tipo de seguro de salud, lo que significaba que no tenía la opción de ir a la sala de emergencias o al consultorio médico. De hecho, nunca íbamos al doctor; ni cuando estábamos agotados ni cuando nos enfermábamos así que ni siquiera cruzó por mi mente esa posibilidad. Cada vez que alguno de nosotros se enfermaba, tomábamos uno de los remedios caseros de mamá hasta que buenamente mejorábamos o bien, dejábamos que la naturaleza siguiera su curso. Por lo tanto, era una idea tonta pensar que me iban a llevar al doctor. Sin embargo, sabía que lo que estaba pasando con mi oído era algo que tenía que atender y solucionar lo más pronto posible pero no tenía ni idea de que hacer.

Recuerdo que en esos momentos, me comportaba como una loca, pues seguía moviendo la cabeza de un lado a otro con la esperanza de que lo que estaba adentro de mi oído finalmente se decidiera a salir. Con sólo preguntarme e imaginar lo que podría estar haciendo "eso" dentro de mi oído, me estaba volviendo loca. Esa misma mañana y después de lo que pareció una eternidad de estar brincando, golpeando y sacudiendo mi cabeza, algo grande color marrón salió de ella y aterrizó sobre el suelo. Fue algo completamente asqueroso lo que apareció enfrente de mí: *una cucaracha marrón envuelta en la propia cerilla del oído.* Por supuesto, yo hice lo que cualquier ser humano normal habría hecho: la pisoteé rápidamente, antes de que pudiera escaparse. Escuchar cómo quedaba aplastada debajo de mi zapato derecho me dio un gran alivio. Mi pie se restregaba de izquierda a derecha sobre el suelo, aplastando a aquel bicho ya sin vida hasta que no quedara ningún rastro. Todos en la casa sabíamos que estábamos infestados de cucarachas y no era raro ver correr, en el suelo o en los armarios, a aquellas pequeñas criaturas. Pero encontrar una cucaracha "viva" en mi oído, fue una manera horrible de recordarle a mis padres que no estábamos haciendo lo suficiente para deshacernos de ellas. Todo aquel incidente me dejó tan traumatizada que me dan escalofríos tan sólo de pensarlo. Eso sin comentar lo mal que me puso el estómago ante esta asquerosa experiencia.

El secreto sale a la luz

Papá nos golpeó una y mil veces con todo lo que pudo encontrar. La mayoría de las veces, sus puños y el cinturón, eran sus armas preferidas; sin embargo, sus palabras eran tan poderosas e hirientes como las patadas y los golpes que recibíamos. Él sabía lo que hacía pues siempre tuvo el cuidado de hacernos daño en lugares donde los moretones no se vieran fácilmente. Planeaba a la perfección en qué parte pegarnos para que nada ni nadie lo note.

No tengo idea de cuántas veces sentí ganas de salir corriendo. Yo quería dejar esa casa porque estar allí, con papá, me causaba mucho dolor físico e interno. Siempre hubo malos tratos y golpes; ver sangre era cosa frecuente al igual que los moretones y las cicatrices pero, el dolor emocional que nos causaba, era mucho peor.

Nosotros no recibíamos cuidados o amor por parte de él. Llegó el momento en que eso ya no me importaba, incluso creo que lo odiaba. Me hubiera gustado que él se fuera para que no tuviéramos que recibir más malos tratos y no ser heridos nuevamente. Tengo que confesar que había algo peor que ser golpeado: *estar oyendo como mi padre golpeaba a mi madre sin motivo ni razón.* Escuchar frecuentemente sus gritos, saber cómo la estropeaba y ver en ella las huellas del maltrato, era algo que me enfurecía y con el tiempo, todo eso hizo que sólo sintiera desprecio por mi padre. Durante los violentos episodios de mi padre, habían tantas preguntas que giraban en mi cabeza: *¿Cómo pueden los vecinos no escuchar lo que está pasando? ¿Por qué nadie viene a nuestro rescate? Si Dios está mirando, ¿por qué no* *me ayuda?* Odiaba mi vida; el sufrimiento y la confusión estaban conmigo constantemente.

El dolor de tener una vida llena de pensamientos tan horribles y momentos tan dolorosos, me lastimó el estómago. Yo no sabía lo que era normal, pero sí sabía que no quería vivir esa clase de vida para siempre.

El mal sueño, en corto tiempo se convirtió en una pesadilla. En casa, las cosas fueron de mal en peor. Papá continuó su abuso hasta que no pude soportarlo más. Yo estaba en el décimo grado en la escuela Sanger High, cuando le conté a la enfermera sobre el abuso físico que sufríamos en casa. Entonces, se lo llevaron a la cárcel pero las cosas no salieron como yo esperaba. Mi deseo era que se fuera y que nunca regresara. Como resultado de su partida, todos seríamos felices y estaríamos libres de su control. Pero cuando lo metieron a la cárcel, yo me sentí muy culpable. Fue como si yo hubiera sido la que había cometido el crimen pues era yo la que acusó a papá, la que le contó a la enfermera sobre el abuso que sufríamos en casa y en consecuencia, a papá lo habían encarcelado por mis palabras. En la mente de papá, él no estaba haciendo nada malo. Sólo nos educaba. Honestamente, pienso que él creía que golpearnos era parte de su deber paternal.

Cuando salió de la cárcel, supe que no se le permitió venir a la casa durante varios meses debido a la orden de restricción que tenía. Sin embargo, después de pasar algún tiempo preso y, haber cumplido la orden de restricción, mi peor temor se hizo realidad. Papá convenció a los Tribunales Superiores de que iba a ir a Consejería para aprender a controlar su temperamento. Por supuesto, eso nunca sucedió pero él sí regresó a la casa. Yo estaba en un estado de desesperación e incertidumbre. Al principio, pensé que se lo iban a llevar y que no dejarían que nos haga daño de nuevo. Ciertamente estaba muy confundida en esos momentos pero nunca hice ningún tipo de pregunta a nadie.

Se le permitió regresar porque necesitábamos su ingreso

monetario, o al menos, eso es lo que mamá nos dijo. El discurso de mamá era que si él no volvía a casa, no tendríamos a nadie para que nos apoye. Yo temía su regreso y le temía más que nunca. A partir de ese momento, sentí que a sus ojos, yo era su peor enemigo y que se aseguraría de que nunca se me olvide. Podía sentir su odio cuando lo miraba a los ojos y trataba de evitarlo a toda costa.

Era 1985 cuando le conté a la enfermera de mi escuela toda la verdad sobre los abusos físicos y psicológicos de mi padre; pero el drama, el miedo y la culpa me estaban dejando loca. Sin saber qué hacer con mi situación, hice algo que para mí, era muy natural. Yo escribí unos versos con los que participé en un concurso de poesía. En mis textos, expresé mi confusión acerca de todo. En mi casa, vi y viví la violencia, a pesar de que éramos una nación en paz. En mi mente, nada tenía sentido porque yo era tan infeliz como resultado de la forma en que me habían tratado. *Mi padre debía amarnos y protegernos.* En lugar de cuidarnos, utilizaba su cinturón y sus puños para atormentarnos. Él siempre utilizó sus palabras para hacernos daño. Ese dolor me llevó a escribir las siguientes palabras:

¿Qué es la paz?
¿Qué es la guerra?
Ya no las puedo distinguir.
No veo la diferencia entre el bien o el mal.
A veces siento
Que me voy a enloquecer.

Entrar al concurso de poesía fue una bendición porque recibí el premio "Mejor Entrada del décimo año", el 29 de abril de 1985. Ese reconocimiento equivalía al primer lugar del concurso y, obtenerlo, me dio fuerzas para continuar. El premio validó mis sentimientos, me dio la dirección que necesitaba y tranquilizó parte de la confusión que sentía en el momento en que más lo necesitaba. Todavía guardo la placa como recordatorio de que la escritura, podría ser una experiencia catártica para mí.

Después del incidente de la cárcel, de cumplir su condena y volver a casa, también volvieron los malos tratos. Y cada vez que nos estaba golpeando, él solía burlarse de nosotros, gritando: ¡*adelante, llamen a la policía*! Lo odiaba con toda mi alma. Cómo me hubiera gustado tener el valor de salir corriendo de aquella casa y nunca volver. Papá sabía que estábamos impotentes ante la situación y que ninguno de nosotros le echaría a la policía nunca más. ¡*Llamarle a las autoridades no tendría sentido*!, pensaba. Me sentía muy decepcionada y desilusionada porque el sistema de "justicia", me había fallado. Sólo quería que ese "monstruo" dejara de respirar, pero como decimos, "*la hierba mala, nunca muere*".

Para mí, la presencia de papá, significaba más dolor y sufrimiento. No podía soportarlo más. No podía entender cómo un padre podía lastimar a su familia, tanto y por tanto tiempo. ¿Será que papá no se daba cuenta de que la palabra "amor" no existía en mi vocabulario, al menos no, cuando se trataba de él? Los únicos sentimientos que guardaba para él, eran el miedo y el odio. No sabía qué era el amor de un padre.

¿Será que no había nadie en este mundo que pudiera ayudar a esta niña que está sufriendo? Yo me decía a mí misma cuando estaba empezando a perder la esperanza. Ni siquiera la policía pudo ayudarme. Durante muchos años, luché con el instinto y las ganas de huir. Sin embargo, encontré mucha fuerza al conocer a Dios. Muchas veces pensé: finalmente Él, me sacará del agujero oscuro en donde estoy. Él no me mantendría allí para siempre...

"¡*Ahí está la puerta!*", gritaba constantemente mi padre con su voz fuerte y llena de ira. Siempre nos decía que si no nos gustaba cómo nos trataba, podíamos irnos de la casa; pero a dónde iríamos. Hubo más de miles de veces en que yo quise cruzar la puerta, salir corriendo y nunca volver. Finalmente, terminé haciendo exactamente eso, pero no fue tan pronto como hubiera querido. Siempre pensaba en lo mal que mi madre se pondría si yo me escapaba. Yo amaba muchísimo a mi madre como para hacerle eso y, por otro lado, odiaba pensar en lo que ella sufriría estando a solas con un hombre que abusaba física y mentalmente de ella y de sus hijos. Muchas noches me sentí impotente y con ganas de poder desaparecer su dolor; yo sabía que eso era imposible, por eso, trataba de consolarla diciéndole: *"las cosas van a mejorar, el dolor va a terminar algún día, no le haga caso"*. Yo no sabía cómo detener su llanto, pero juro que hice mi mejor esfuerzo para proporcionar con mis palabras de aliento, la fuerza que ella necesitaba para secar sus lágrimas.

Una de las formas en que el amor por mi madre se manifestó, fue cómo utilicé una y mil veces lo aprendido en la escuela para ayudarla a hacer cambios saludables en su vida. Cuando estaba en la escuela Sanger High, en la clase de estudios sociales con el Mtro. Douglas, nos tocó ver los vídeos de salud sobre los peligros que conlleva fumar. Después de ver los videos y las imágenes de pulmones sucios con mugre gris y blanca, caí en completo shock. "Así es como se ven los pulmones de mamá", pensé. Me puse mal sólo de imaginar que podría perder a mamá, el único padre que amaba, a causa de esa mala costumbre que ella tenía. Esas imágenes tan gráficas sobre los daños del tabaquismo, me hicieron darme cuenta que yo quería que ella viviera una vida larga. Yo no quería que se muriera de cáncer de pulmón. Durante esa misma lección, también aprendimos lo caro que eran los cigarrillos y así, nos dimos una idea clara de cuánto dinero gastaban anualmente los fumadores empedernidos. Una vez más, mi joven mente no podía comprender cómo, siendo tan pobres, mamá todavía tenía dinero para comprar sus cigarrillos. Ese dinero podría ser utilizado para muchas otras cosas. En ese momento, yo no sabía si mamá era un fumadora empedernida o no, pero yo la veía fumando mucho, sobre todo después de que mi padre se enojaba con ella. A mi papá tampoco le gustaba verla fumar. Cada vez que ella encendía un cigarrillo, él la mandaba para afuera. Él le decía a menudo, *"como friegas con esa chingadera"*. Sus palabras de enojo diciéndole que dejara de fumar esa fregadera, no la convencían para que dejara ese vicio.

Siempre que mamá quería fumar, ella nos enviaba a uno de mis hermanos o a mí, a encender el cigarrillo en la estufa de la cocina. Me enfurecía tener que encender un cigarro que podría matarla. Mientras ella estaba fumando en la sala, me abanicaba mis manos hacia atrás y hacia adelante para que el humo no se me fuera a la cara. Yo sabía que no le gustaba que hiciera eso, pero quería asegurarme de que se diera cuenta de mi punto de vista. Eso era lo mejor que podía hacer para que sepa que su humo me molestaba.

Me negué a imaginar mi futuro sin mamá, así que junté todos mis datos y tuve una conversación seria con ella. *"Por favor, deje de fumar"*, le supliqué. *"Queremos tenerla con nosotros durante mucho tiempo"*. ¿Qué va a pasar con nosotros si usted *muere de cáncer? "*, Le dije sobre el vídeo de la clase del Mtro. Douglas y sobre mis temores de perderla a causa del cáncer de pulmón. Ese día, la parte más importante de mi mensaje, era decirle cuán valiosa y necesaria era ella para nosotros y lo mucho que la amaba. No recuerdo el resto de los detalles de ese día pero mi discurso funcionó. Ella dejó de fumar y yo, no podría haber sido más feliz. Mi padre, en cambio, no estaba tan contento al escuchar la buena noticia. Cuando finalmente, ella dejó de fumar y, de golpe, uno habría pensado que papá estaría feliz por ella. En cambio, él se puso furioso cuando se enteró de la verdadera razón por la que dejó de fumar. Increíblemente, él estaba enojado porque mi estrategia de utilizar palabras y súplicas amorosas fue más eficaz para conseguir que dejara de fumar que sus constantes quejas y regaños. Eso me dejó confundida, por decir lo menos. Para mí, fue un momento victorioso, histórico; supe que mamá nos amaba tanto como para que ella, tome la decisión de dejar de fumar. Aunque fue un momento especial y memorable para mí, fue un trago amargo, debido a la reacción inesperada de mi papá.

Aferrándose a la esperanza

Toda la violencia dentro del hogar en que viví, fue marchitando poco a poco mi espíritu; sin embargo, me aferré a la esperanza.

En el fondo, sabía que algún día, iba a tener una vida mejor. Yo era una chica buena que seguía las reglas. Mi peor pecado era que odiaba a mi padre y no quería estar a su alrededor. Los domingos, él nos enviaba a la iglesia diciendo *"vayan pa 'que se les salga el diablo"*. Me preguntaba por qué los domingos nos llevaba a misa a la iglesia de Santa María pero él, nunca se quedaba con nosotros. Sus palabras eran irónicas porque siendo yo, tan joven, sabía perfectamente que él, era el que tenía el diablo adentro y no nosotros. Sin embargo, estábamos felices de satisfacerlo. Íbamos con alegría a la iglesia porque así, nos daba un descanso muy necesario de él. Por desgracia, yo no aprendí mucho de los sermones del sacerdote o de las lecturas del evangelio, pero me gustaban los cantos.

La mayor parte del tiempo, odiaba las circunstancias en que vivía pero yo, no estaba dispuesta a tirar la toalla. Todavía tenía sueños y metas por cumplir. La escuela se convirtió en mi escape. Me encantaba estar en ella y obtener buenas calificaciones porque era un gran impulso a mi baja autoestima. Ese era el único lugar en el que realmente me sentía apreciada; obtener una "A" más haría mi día. Después de conseguir una buena calificación en un examen de ortografía o en otra asignatura de clase, podía oír a los niños decir: ¡*Wow, ella es tan inteligente*! Al oír esas palabras, me sentía bien conmigo misma, pero por dentro *sabía* que no era inteligente porque mi padre siempre me decía lo contrario. A pesar de sus palabras que me menospreciaban, sabía que estudiar duro iría dando sus frutos, así que hice lo único que podía hacer.

Cada noche, alrededor de las nueve o diez, cuando había terminado todos mis quehaceres, me ponía a hacer mis tareas y a memorizar todos los huesos y los músculos del cuerpo para que pudiera hacer un trabajo excelente en mis pruebas de Anatomía y Fisiología de la clase del Mtro. Pat. También estudiaba para inglés porque quería obtener la mejor nota en la clase de la maestra Cruz. Por otro lado, la clase de matemáticas ya no era mi favorita porque siempre me confundía con esos problemas de palabras temidas que solamente me daban dolores de cabeza. La escuela seguía siendo, al mismo tiempo, mi refugio y mi lugar favorito en todo el mundo porque era donde me daban el reconocimiento y la alabanza que necesitaba. No sólo quería que los demás me alabaran, también trabajaba y estudiaba duro porque quería demostrarle a mi padre lo equivocado que estaba sobre mí. Yo estaba en una misión para demostrarle que no era tonta como él decía. También quería que esos chicos que iban a la escuela Lincoln, se tragaran sus palabras. En repetidas ocasiones me dije: *"yo no voy a ser una perdedora"*. Me negaba a seguir siendo la niña temerosa, que era un blanco fácil para los acosadores. Yo estaba decidida a demostrarle de lo que estaba hecha.

Casi todas las noches antes de dormirme, lloraba y le rogaba a Dios que hiciera algo con mis dientes amarillos para que yo pudiera finalmente ser capaz de sonreír sin avergonzarme. Le pedía a Dios que por favor me ayudara a aprender inglés para que los otros no se burlaran de mí. Yo quería ser como todos los demás. Todas mis lágrimas y mis súplicas las hacía en secreto, porque no quería que todo el mundo supiera mi dolor. Quería huir y nunca ser golpeada de nuevo. Deseaba poder tener un padre normal que se hiciera cargo de su familia y mostrara su amor con palabras amables y cariño, no sólo con darnos comida y refugio. Estas dos últimas cosas, él sí las hizo y le doy crédito por ello, se lo reconozco. Precisamente lo que él no podía darnos, era lo que más necesitábamos: amor, guía y apoyo emocional.

En medio de todas esas lágrimas, trataba de convencerme a mí misma de lo afortunada que era porque, por lo menos, tenía un padre. Después de todo, había tantos niños en el mundo que no tenían idea de lo que era tener un padre. Muchas veces yo hacía un inventario de todas las cosas que tenía en mi vida para estar agradecida: tenía mis ojos, mis oídos, mis dos piernas y mis dos brazos. El hecho de que yo era una persona completa, con visión y audición, me hacía sentirme agradecida. Habían personas ciegas en el mundo que no podían disfrutar de la belleza a través de sus ojos, personas sordas que no podían oír la voz de sus seres queridos y personas que no podían usar sus piernas. Me preguntaba: *¿de qué te estás quejando? ¿Acaso no tengo más que lo suficiente para convertirme en una persona capaz y exitosa?* Yo estaba decidida a utilizar lo que la vida me había dado para salir adelante. El reflexionar sobre los aspectos positivos de mi vida me hizo sentir mejor acerca de la nube oscura bajo la que vivía.

En un abrir y cerrar de ojos, mis cuatro años en la escuela Sanger High habían terminado. La mayor parte de mis experiencias y vivencias fueron bastante tranquilas y poco atractivas, tanto que me sentí como una pequeña mancha que apenas se notó en esa escuela. Sin embargo, quería dejar mi huella; cuando me enteré que necesitaban a alguien para leer un discurso bilingüe de bienvenida en nuestra ceremonia de graduación, algo me dijo que yo era la persona que estaban buscando. Me inscribí de inmediato. Me gustaba correr riesgos cuando tenía algo que demostrar. Me sentí como que podía hacer lo que quisiera; todo lo que tenía que hacer era intentarlo. Mi primer paso era visualizarme a mí misma haciendo lo que me propuse hacer...

Varios estudiantes leyeron delante del maestro Paz; sin embargo, él me seleccionó para dar el discurso bilingüe. Orgullosa de ser parte de nuestra ceremonia de graduación, en junio de 1987, hablé con valentía frente a miles de personas. Fue un gran logro para mí, porque a pesar de las dificultades que experimenté en mis años de juventud, yo estaba dispuesta a correr el riesgo. Era la oportunidad de probarme a mí misma y a mis compañeros de clase, que no era insignificante. Era mi oportunidad de mostrarle a los niños que me habían burlado en la primaria, en qué me había convertido. Esta oportunidad era exactamente la que me había imaginado pasar y tomar en mis futuros años de éxito. Yo soñaba con estos momentos cuando era intimidada y se burlaban de mí por ser una inmigrante.

Mi intervención en el discurso de clausura fue exitosa porque hablé con confianza y sostuve la cabeza en alto mientras hablaba con claridad y fuerte en inglés y en español. Yo no estaba avergonzada de quién era. Mi familia estaba orgullosa de mí, y yo estaba orgullosa de mí misma.

REFLEXIÓN

....

Reflexionar............. ¿Qué estaba pensando cuando leyó sobre mis desafíos y luchas en esta sección? ¿Hubiera hecho algo diferente a lo que yo hice durante mis años de adolescencia?

Examinar .... ¿Qué personas o experiencias han sido difíciles en su vida? ¿Cómo se siente ante estas situaciones? ¿Cómo lidia con esos recuerdos y cómo ha trabajado el dolor que le han causado? Hubo algún momento en su vida en que las cosas parecían sin esperanza para usted?

Aplicar .... ¿Qué técnicas usé en esta sección para hacer frente a circunstancias difíciles? ¿Cuál de estas técnicas puede utilizar en su vida para ayudarle a mantener una actitud positiva y estar centrado en el panorama?

Aprender .... ¿Qué lección importante ha aprendido de los personajes de esta sección? ¿Qué habilidades y talentos tiene usted?

Motivar.................. ¿Qué beneficios puede obtener cambiando la forma de responder a las situaciones difíciles?

LA UNIVERSIDAD
Y MI ESCAPE

UNIVERSIDAD, AQUÍ VENGO...

Ir a la universidad significaba, ante todo, el final de la recolección de uva en los campos; por fin.

Empecé en el otoño de 1987, en el Colegio Comunitario de Kings River (KRCC) que ahora se llama Reedley College, en Reedley, California.

El semestre comenzó a mediados de agosto, tiempo en que comenzaba *La Tabla* (temporada de la pizca). Como ya estaba en la escuela, se me permitió no ir a la cosecha de uvas. Al principio pensé que iba a ser feliz por ya no ir; pero luego me di cuenta de que el resto de mi familia no fue tan afortunada. Mientras yo estaba en la escuela, a menudo me sentía culpable; sobre todo cuando pensaba en mis hermanos menores que trabajan, bajo el calor extremo, recogiendo uvas mientras yo, estaba trabajando medio tiempo y tomaba clases en salones con aire acondicionado. Durante esa época, conseguí un trabajo en McDonald's y más tarde, en Pizza Pirata, para poder pagar mi matrícula y los libros. También tenía que juntar dinero para pagar el Ford Mustang Hatchback, 1983, que mi papá me ayudó a comprar. El firmó por mí, pero los pagos y seguros del coche eran mi responsabilidad. Gracias a ese coche recién adquirido, podría conducir a Reedley para perseguir mi sueño de obtener una educación. Ese pequeño coche rojo, se convirtió en mi "amigo fiel" que me vio durante la mayor parte de mis años de universidad.

Encantada de tener independencia y una manera de

moverme, me sentí como una persona nueva. Era como si tuviera alas. La buena obra de mi padre, ese año, fue que me ayudó a conseguir mi primer coche. Por desgracia, me lo echaba en cara cada oportunidad que tenía. Solía gritar: *"Nomás porque tienes carro, haces lo que quieres"*. Él me dijo que yo pensaba que, como ya tenía un coche, creía que podía hacer lo que quisiera. En parte estaba en lo correcto; entonces, ya no me importaba mucho lo que pensaba, así que sólo lo dejaba divagar.

Mi primer año en la universidad, fue uno de los mejores años de mi vida. Acababa de arreglarme los dientes, lo cual fue de gran ayuda para mi autoestima y una plegaria contestada. Por fin podía sonreír y no avergonzarme. Ya no tenía que poner mi mano delante de la boca cada vez que sonreía para cubrir las manchas amarillas de mis dientes. No habría más miradas cuando hablaba. La persona responsable de este maravilloso regalo fue mi hermano mayor, Leonardo. Él pagó alrededor de $500.00 dólares para que me arreglaran los dientes en el Centro de Salud United, en Parlier, California, una clínica de salud que se encontraba entre las calles Zediker y Manning. Me pusieron carillas en mis cuatro dientes frontales para cubrir las manchas amarillas. Mis dientes inferiores estaban aún amarillos, pero podría vivir con eso. Esta nueva confianza me ayudó a salir de mi concha y le dio a mi experiencia universitaria, un gran comienzo.

Algunas de las clases a las que me inscribí, fueron Educación Física, Español, Álgebra y Ciencias Políticas. Desafortunadamente, Ciencias Políticas no fue una de mis favoritas porque nunca había sido muy aficionada a la historia y me parecía terriblemente aburrida. No recuerdo mucho de la clase, a excepción de la frustración de tener que escribir un trabajo de investigación. En aquel entonces, me gustaba escribir para expresarme, pero no tenía ni idea de cómo hacer la redacción de una investigación. El profesor era un hombre muy alto con bigote, un peinado con vereda y una voz muy monótona que casi me hacía dormir.

Debido a los bajos resultados que obtuve en las pruebas de colocación de inglés, me situaron en el nivel "Inglés inicial". Sin embargo, cuando me pusieron en la clase de inglés regular, empecé a amarla. Esa clase y el maestro Baxter, mi profesor de inglés, abrieron todo un mundo nuevo para mí. Después de leer *El Gran Gatsby,* tuvimos que hacer un trabajo escrito y él seleccionó mi ensayo para su publicación en la revista de la Universidad. Lo admiraba mucho porque no sólo me estaba ayudando a mejorar mis habilidades de lectura y escritura, sino también, me estaba enseñando cómo escribir para expresar mis pensamientos, deseos y miedos internos. Ese fue un gran beneficio para mí. Mientras elaboraba la lectura requerida para su clase, yo estaba escribiendo y haciendo conexiones personales con mi vida, lo que hizo que la experiencia de aprendizaje fuera más útil y significativa. En el pasado, la escritura había sido un reto para mí porque el Inglés no era mi lengua materna. Antes de tomar la clase del maestro Baxter, yo no sabía escribir pero sus clases fueron cambiando mi vida. Su pasión por la literatura era contagiosa porque el maestro Baxter era un excelente instructor; por él, me enamoré de la escritura, empecé a encontrarme a mí misma y florecí cual botón en primavera.

En la escuela Sanger High, yo no tenía muchos amigos. Mis dos mejores amigas eran muy buenas pero sólo me juntaba con ellas en la escuela pues papá nunca me permitía ir a sus casas. En cambio, hice muchos maravillosos amigos durante mis años en KRCC. Tener un gran grupo de amigos era nuevo y muy emocionante para mí. Una de mis nuevas amigas era Arlene. Ella fue mi mejor amiga por muchos años y hasta hoy, sigue siendo una buena amiga. Ella y su padre tomaban clases juntos, así que me la pasé con ellos durante todo el semestre de otoño. Mis otros amigos, demasiados para mencionar a todos, eran divertidos, extrovertidos e inteligentes. Hacían que me encantara aún más asistir al colegio de la comunidad. Íbamos juntos a bailes y pasábamos buenos momentos durante los descansos entre clases.

Cuando nuestros recesos eran de dos o tres horas de duración, nos íbamos a la Playa de Reedley, un lugar de reunión habitual para los estudiantes universitarios. Ese fue uno de nuestros sitios favoritos además de la cafetería de la universidad donde jugábamos billar o permanecíamos sentados y hablábamos.

Tuve mucha diversión y muchas reuniones con tantas personas nuevas de todas las edades y siempre hicimos cosas diferentes. *¡Me encantó mi experiencia en KRCC y me encantó conocer a mis nuevos amigos!*

Cada vez que yo no estaba en clase o pasando el tiempo con los amigos, en la cafetería de la universidad, estaba trabajando en McDonald's o en el restaurante Pizza Pirata. Trabajar en aquella pizzería, me brindaba un mejor ambiente laboral de lo que yo estaba acostumbrada cuando trabajaba en los campos o en las casas de embalaje. Era un restaurante familiar con muchos juegos para jóvenes y adultos. El pollo, los sub-sándwiches y las patatas fritas estaban para morirse de un empacho. Además de la comida sabrosa, en el Pizza Pirata, también habían divertidos videojuegos, mesas de billar y televisiones donde todo el mundo podía ver sus deportes favoritos. Cuando era niña, nunca tuvimos videojuegos pero en el Pizza Pirata, descubrí muchos de ellos. Mi favorito fue *Road Blaster*, un vídeo de coche de carreras que jugaba regularmente. Además de *Road Blaster*, también me fascinaba usar el micrófono que tenía en el mostrador, al lado de la caja registradora. Al final de la noche cuando estábamos limpiando y preparándonos para cerrar el restaurante, cantaba algunas canciones y yo, era el entretenimiento de la noche. Cantar siempre había sido mi hobby y me daba la oportunidad de compartir mi talento con mis compañeros de trabajo y tener un poco de diversión sana.

Otro aspecto positivo sobre la vida universitaria fue mi participación en actividades extracurriculares. Finalmente estaba haciendo lo que siempre había querido hacer en la Sanger High. Yo estaba involucrada en prácticamente todo. Durante un par de años fui miembro oficial de la Asociación de Alumnos y el Club Español en KRCC. Aprendí habilidades valiosas mientras me desempeñaba como miembro oficial de ambas organizaciones. Yo era presidente, vicepresidente y directora de publicidad. Mis amigos y yo, estábamos en desfiles de moda patrocinados por la clase *Fashion Merchandising* y tuvimos muchos eventos para recaudar fondos para los clubes. Nos organizamos y realizamos lavado de autos, bailes escolares patrocinados y también, nos fuimos de excursiones. Ir a la Misión de San Juan Bautista y a la Playa de Pismo, fue de lo más memorable por dos razones: mi familia no viajó a ninguna parte cuando yo era niña y, además, vi el mar por primera vez.

La asesora y consejera del club, fue la maestra Aguilar, quien también era nuestra instructora de español. La maestra Aguilar, tenía unos cuarenta y tantos años, era morenita y tan menudita que, parecía una muñeca Barbie. La ropa de moda que usaba, siempre estuvo acompañada de un par de tacones altos, las uñas largas pulidas y su gran sonrisa. Se vestía tan bien que se veía como si acabara de salir de una sesión de fotos. Además de ser un modelo a seguir en cuestión de moda, ella también me impresionó por su amabilidad. Todo el tiempo que pasó conmigo y con el resto de los miembros del club, mostró su compromiso por ayudar a los demás. Llegamos a conocerle a ella y a su familia a un nivel personal. Nuestro club era como una gran familia; las fiestas se celebraban en su casa, que estaba a unos diez minutos de la escuela. La piscina de su casa, era una de las principales atracciones. Tengo buenos recuerdos de nuestros días de natación y del tiempo que pasé con su familia haciendo las actividades del club.

Mis experiencias escolares en la secundaria y la universidad, fueron completamente opuestas. La vida finalmente me fue sonriendo y yo, le sonreía de vuelta. Había un poco de estudio pasando, pero más que nada, yo estaba disfrutando de la libertad que nunca tuve cuando estaba en la secundaria. En aquella época, pasé todo mi tiempo estudiando en la escuela y trabajando en la casa; pero en la universidad yo estaba estudiando, trabajando y divirtiéndome. Como estudiante de secundaria, yo era introvertida y poco popular, pero en la universidad llegué a ser confidente y sobresaliente. Mi guardarropa cambió de lo simple a lo estilizado, desde que finalmente, pude darme el lujo de comprar mi propia ropa. Finalmente me sentía bastante segura y ya no tenía miedo de hablar con la gente. Más importante aún, no tenía a mi padre viendo todos mis movimientos y dándome su mirada de desaprobación. Sintiéndome más relajada y bajo menos presión, yo estaba agradecida por mi nueva y mejorada vida.

Dos corazones rotos

Algo nuevo que logré, es que empecé a tener mayor confianza en mí misma. Sin embargo, esta auto confianza, era apenas, una fina capa sobre las cicatrices del abuso que viví. Todavía en lo más profundo de mí, tenía miedo, ya que a menudo pensaba *"no hay nadie para mí; nunca voy a encontrar un novio"*. En el fondo, todavía no me sentía amada.

Nunca había tenido un novio y pensé que ya era hora de encontrar a alguien especial. Tony había mostrado interés en mí desde hace meses, pero teníamos una buena amistad que no quería arruinar. Lo pensé mucho pues él era amable y agradable; su cabello ondulado, físico musculoso y enorme sonrisa, lo hacían ver muy agradable. Era de baja estatura, sí, pero eso no era un problema en lo absoluto. Sabía cómo hacer reír a la gente y era tan inteligente. No tenía que esforzarse mucho para ser popular. Tenía todas las cualidades que cualquier chica busca en un hombre. En síntesis, Tony me gustaba, así que tomé la decisión de salir con él, pero mucho más tarde, me di cuenta que lo quería más como amigo que como novio.

Después de un mes de salir con Tony, Patrick, otro chico de nuestro grupo, comenzó a dirigir su atención hacia mí y a hablarme más. Plenamente consciente de que él era un gran ligador, me propuse no hacerle caso, siempre y cuando pudiera. Entonces, un día, cuando menos lo esperaba, me rendí. No pude fingir más; yo ya no podía ignorar esos ojos verdes brillantes y esa sonrisa cautivadora que generosamente compartía con todo el mundo. Yo era como un conejo atrapado en una trampa.

Después de encontrar a mi nuevo amor, dejé de salir con mi amigo Tony. Demasiado tarde me di cuenta que era bastante incómodo "andar" con un buen amigo, dejarlo por otro y, aún así, seguir saliendo, todos, con el mismo grupo de amigos, durante los recreos. Mi amistad con Tony estaba arruinada. Nuestras conversaciones se volvieron rebuscadas y torpes. La culpa me consumía. A causa de mi egoísmo, le había hecho daño a mi buen amigo. Apliqué el tratamiento del silencio; no hablarle sería la solución. Pero resultó peor; era demasiado tarde, el daño ya estaba hecho. Aprendí una lección valiosa pero cara: *"nunca salgas de novia con un buen amigo porque al final, alguien va a terminar haciéndose mucho daño"*.

Además de las nuevas experiencias de la vida universitaria, esta vivencia en particular, me enseñó más de lo que hubiera querido aprender. Como resultado, durante años, me quedaron cicatrices y un gran sentimiento de vulnerabilidad. En ese tiempo, pensé que estaba profundamente enamorada de Patrick y todo lo que quería hacer, era pasar tiempo con él. Mi prioridad solía ser la escuela antes de que él apareciera en la escena de mi vida. Distraída y prácticamente viviendo en las nubes, "el amor", me tomó con la guardia baja. Alrededor de cuatro a seis meses, tuve el "insecto del amor". Ni siquiera era mi novio, pero me gustaba mucho. Era la primera vez que me sentía bonita y pensé que realmente me gustaba porque me hacía sentir tan especial como nunca me había sentido. Esto era inusual para mí, porque por fin alguien que realmente me gustaba me había encontrado atractiva. En más de una ocasión, incluso me volé la clase de Álgebra y educación física porque quería estar con él. Mi antiguo yo, nunca habría hecho eso. Extrañamente, no podía detenerme aunque sabía que era lo mejor. Y tengo que confesar que no aprobé esas dos materias a causa de mi irresponsabilidad, mis inasistencias y la falta de juicio.

Yo no sabía que nuestro romance sería fugaz y no duraría. Antes de que me diera cuenta, el chico que pensaba que estaba tan enamorado de mí, dejó de verme sin siquiera decir adiós. Él se juntó con otra chica y poco tiempo después, ella resultó embarazada.

Sintiéndome tonta e insignificante, de repente me di cuenta de que a él, realmente no le importaba. Yo no podía creer que se olvidó de mí de un día para otro. Después de que él tiró de mi corazón sin una advertencia, pensé que nunca iba a encontrar el amor de nuevo. Cada vez que lo veía con la otra chica en el campus, me sentía más humillada y angustiada. Todavía me recuerdo, acostada en mi cama, boca abajo y berreando. Mis pequeños hermanos Mona y Marcos, trataban de calmarme cuando me veían llorar a moco tendido. *"Hay otros peces en el mar"*, decían. Pensé que esas palabras eran muy dulces de su parte pero estaba segura de que no tenían ni idea de lo que estaban hablando ni de lo que yo estaba sintiendo.

Hoy, sonrío cuando pienso en su acto de bondad y en lo que mis hermanitos hicieron cuando vieron que alguien me había hecho daño. Ellos esperaban que con sus palabras, el dolor desaparecería como por arte de magia y mis lágrimas se detendrían y dejarían de fluir. Ese año, mi corazón quedó roto y mi ego fue herido porque bajé la guardia. Yo ya sabía que Patrick era conocido como un "gran ligador" y sin embargo, caí en su trampa. Aprendí entonces que un corazón roto necesita tiempo para sanar. Y también comprobé la verdad del refrán "lo que haces, te harán". Así como yo había roto el corazón de mi amigo Tony, alguien rompió el mío.

En la medida en que el tiempo pasó, fui creciendo y seguí adelante pero el resentimiento y el dolor que sentía no desaparecieron tan rápido como yo esperaba. La buena noticia es que después de esa experiencia desagradable, juré que nunca dejaría que otro muchacho me distrajera de la meta de mi vida que era obtener mi título universitario y ser alguien importante en la vida.

Antes de terminar mi licenciatura, en 1990, me redimí a mí misma, al admitir que había cometido un error. Decidí tragarme mi orgullo e inscribirme nuevamente en las dos clases en que había fracasado a principios de ese año. ¡Qué grata sensación tuve al ver el cambio en mis calificaciones, de "Fs" a una "A" y "B" "Esto es lo que más quiero", me dije con orgullo a mí misma.

Ya no me puedo aguantar

En mayo de 1990, me gradué de KRCC con mi Asociado en Artes. En ese mismo mes cumplí 21 años. Todavía vivía en casa de mis padres pero me sentía facultada con un poco más de libertad de la que antes había disfrutado. Ya tenía dos años de estudios universitarios en mi haber y estaba lista para más. La vida universitaria me estaba esperando y yo, estaba ansiosa por comenzar la siguiente etapa de mi vida, en Fresno State.

Sin embargo, mi vida en el hogar dio un giro drástico porque terminé haciendo algo que yo había querido hacer durante años. Todo comenzó después de que perdí mi licencia de conducir. Estábamos de pie, en el patio delantero de la casa cuando le dije a mi padre que había perdido mi licencia. Él me gritó, me hizo sentir la persona más estúpida de toda la tierra. En tono acusador, me preguntó cómo pude perder la licencia cuando sólo la había tenido por tres años. Con su voz recriminante, dijo: *"en veinte años de conducir, nunca he perdido la mía"*. Después de su regaño, me sentí como un insignificante niño de seis años. A pesar de que me hizo sentir como si yo no valiera nada, me atreví a abrir la boca y hablar. Sólo traté de explicarle que yo era un ser humano y que podía cometer errores. Entonces recordé que la vecina nueva, había mencionado algo sobre su licencia. Con mi voz nerviosa pero tranquila, le dije: "nuestra nueva vecina, la de enfrente, también extravió su licencia". Yo no quería gritarle ni hablarle de una manera grosera. Todo lo que hice fue tratar de defenderme. Pero en realidad, lo que quería hacer, era llorar y decirle: "papá, yo no soy perfecta"...

Antes de que me diera cuenta, su mano se posó sobre mi mejilla derecha con una fuerza tan grande que, el impacto repentino fue como despertar de un mal sueño. Yo estaba furiosa y confundida, todo al mismo tiempo. Esa bofetada en la cara fue la gota que derramó el vaso. Esa fue la última vez que puso un dedo sobre de mí.

Durante los doce años anteriores, hubo palizas peores que involucraron sangre y moretones. Esta vez, fue diferente; cuando su mano alcanzó mi cara, experimenté una sensación de dolor que cambió toda mi perspectiva y me dio el valor que tanto necesitaba para, finalmente, poner en acción lo que había querido hacer desde hacía varios años: *huir de casa*. Con su bofetada en mi rostro, en el patio de nuestra casa en Sanger, me acabó de menospreciar; me borró de la existencia, dejé de estar allí.

Yo era un ser vivo, un ser humano, pero ahí, yo ya no podía ser yo misma. En esa casa, no podía pensar y actuar por temor a que me gritara y me golpeara mi propio padre. Fue en ese momento que me dije a mí misma: ¡*Basta ya*! Me voy de esta maldita casa para siempre. Si no, toda la vida voy a ser un títere al que podrá manipular de la forma que él quiera. Nada iba a ponerse en mi camino esa tarde de mayo, que resultó ser al mismo tiempo, el peor y mejor día de mi vida.

Cuando hablé con mi madre, las palabras salieron lentamente: "*amá, me voy a ir de la casa*". Durante muchos años había querido irme. Sabía que mi papá me iba a volver loca si permanecía un segundo más aquí. Sabía que al irme, le causaría un gran dolor a mi mamá, lo cual era lógico. Sin embargo, también sabía, dentro de mi corazón, que alejarme de la casa que me vio madurar y convertirme en una joven fuerte, era mi única oportunidad para sobrevivir y sobresalir.

En mayo de 1990, ya era Nina, una mujer valiente de 21 años que sabía lo que quería en la vida y que se fue en busca de sus sueños. Primero esperé que papá saliera; entonces, me preparé para actuar. Yo era valiente, pero no lo suficientemente valiente para decirle a la cara que me iba de la casa. Después de echar a mi pequeño Ford Mustang, mis pertenencias y un poco de ropa, subí a mi coche antes de que mi papá regresara y tratara de detenerme. La adrenalina me hizo actuar tan rápido como nunca jamás me había movido. Yo no tenía idea de a dónde iría, pero eso, no era ninguna preocupación para mí. Lo único que pasaba por mi mente era el estar a salvo. Mi casa no tenía un ambiente seguro y eso, es lo que yo necesitaba.

Después de todo, pensé que él era quien siempre nos decía: *"pueden irse si no les gusta como les trato"*. Yo, simplemente seguí sus instrucciones. Salí de su casa porque ya no podía vivir allí y mucho menos, podía seguir soportando su constante tormento. Tomé el asunto en mis propias manos y dejé atrás una vida llena de abusos. Declaré mi independencia de él. Por primera vez, yo iba a pensar por mí misma y no me iba a preocupar qué va a decir mi papá o qué va a hacer. No sé dónde estaría hoy, si no me hubiera salido de mi casa; pero lo que sí sé, es que mi vida sería miserable y mi espíritu estaría muerto.

No fue sino hasta mucho más tarde, que me di cuenta que dejar a mi familia se convertiría en la cosa más difícil que había hecho en toda mi vida, porque la libertad que buscaba venía con sus condiciones y sus consecuencias. Estar lejos de mis hermanos y de mi mamá, hizo que creciera la agonía mental, la culpa, que sentía después de que me fui. Extrañaba a mi familia y también, me sentía culpable porque sabía que ellos, seguían sufriendo con él. Sentí que los había abandonado y como mi familia, era una familia mexicana tradicional, mi partida no sólo significó mudarme de la casa, sino también hizo que me repudiaran. El hecho de que yo tenía veintiún años no hizo ninguna diferencia. Para mi familia, una joven no se sale de su casa a menos que sea para casarse. Por lo tanto, no me mudé, me escapé. Como resultado, yo no tenía derecho a visitarlos. Durante mucho tiempo, yo no los visité porque tenía mucho miedo de encontrarme con él.

Durante la mayor parte del verano de 1990, me mudé varias veces de casa de una amiga a otra. Marissa, una buena amiga de Dinuba, me acogió durante dos semanas hasta que encontré un lugar más permanente donde quedarme. El siguiente mes, me mudé a Selma cuando Arlene, mi mejor amiga de la universidad de la comunidad, me dejó quedarme con su familia. Viví en las afueras de Selma con la familia Álvarez. Con esta familia, había encontrado un hogar donde me sentía bien recibida y cuidada. Ellos, se convirtieron en mi familia adoptiva; vivían en un rancho rodeado de viñas, que me hacían sentir segura. Yo sabía que mi papá no me encontraría allí. Sin embargo, ese verano yo trabajé en la Empacadora Suma, donde trabajaba mi mamá. Un día, durante la hora del almuerzo, mientras caminábamos hacia el centro comercial Gong's, mi padre, que estacionaba su camioneta en frente del edificio, trató de hablar conmigo. Cada vez que intentaba llamar mi atención, yo caminaba más rápido y fingía que no podía oírlo, mientras trataba de esconderme detrás de los demás trabajadores que caminaban conmigo. Así, mientras mi papá, permanecía sentado en su camioneta, él me llamaba y me decía que regresara a la casa. Por supuesto, yo no estaba dispuesta a hablar con él.

Antes de que terminara ese verano, me mudé por última vez. Mi tío Fernando Rivera y su familia, me dieron un lugar donde quedarme en su casa, en Tivy Valley, cerca del "Avocado Lake" (lago del Aguacate). Vivíamos en su casa que era muy grande y estaba en medio de enormes huertos de naranjos, donde había un amplio espacio para caminar y explorar al aire libre. Caminar por los huertos fragantes y verdes, me traía recuerdos de mi infancia cuando visitaba el rancho del abuelo Mario, en El Veladero. Vivir a los pies de la cordillera, fue el punto culminante de mi verano. Todas las mudanzas de ese verano, me hicieron sentir como si estuviera en un programa de protección a testigos porque siempre estaba escondiéndome de mi papá y esperando no encontrarme con él.

No voy a volver

Ese mismo verano, tuve pesadillas recurrentes con mi padre. Él me perseguía casi todas las noches teniendo la forma de un pequeño diablo rojo. Yo me sentía impotente; me escapaba de él, sí, pero siempre me seguía persiguiendo. Me veía a mí misma, saltando de una azotea a otra y nunca me alcanzó ni me capturó. Siempre se la pasaba persiguiéndome. Aunque vivíamos en dos ciudades diferentes, su presencia todavía me afectaba mental y emocionalmente. Ya no me causaba dolor físico, pero después de irme de la casa, durante años, él todavía me controlaba. Yo, todavía le tenía miedo. Físicamente, no estábamos bajo el mismo techo, pero en mi mente, su tormento y dominio, continuaban.

Cuando me fui de Sanger, juré que nunca iba a volver a casa y nunca lo hice. Era tenaz por naturaleza, y yo sabía que cumpliría con mi palabra. Me quedé con la promesa que me hice a mí misma hace veintidós años.

Era el comienzo de mi primer semestre en la Universidad Estatal de Fresno y, un amigo, me convenció para que llamara a mi padre por teléfono. Encontré el valor suficiente para finalmente llamarlo y hablar con él. Después de marcar el número telefónico, le dije a papá mis razones por las que me fui de la casa: *"me fui porque algún día, quiero ser maestra; quiero poder pensar por mí misma y ser mi propia persona. No podría haber hecho todo eso, si me hubiera quedado allí"*. De inmediato, él asumió que quería volver a casa. ¡No, gracias! Ya me salí y me estoy quedando muy lejos, pensé. Después de nuestra conversación, me permitió

regresar y visitar a mi familia, pero eso pasó muy poco. Cada vez
que los visitaba, él se portaba muy amable y acogedor cuando
llegaba; pero después de un tiempo, comenzaba a gritarme otra
vez, haciéndome sentir como si yo fuera una mala hija porque
me fui de la casa. En una ocasión, Lisa, una de mis compañeras
en la universidad, fue conmigo a visitar a mi familia. Como de
costumbre, él parecía feliz de verme y me trato bien cuando iba
llegando, pero antes de que me diera cuenta, empezó a gritar y
echarme en cara el hecho de que me fui de su casa sin tener en
cuenta lo mucho que él había hecho por mí. Me llamó ingrata y
me hizo sentir como una mala persona. No sólo me hizo sentir
estúpida; estaba avergonzada de que mi amiga Lisa tuviera que ser
testigo de su conducta, y ella se asustó. Tan pronto como comenzó
sus ataques verbales, caminé con Lisa hacia afuera, lo más rápido
que pude. Mi enojo y frustración eran indescriptibles. Me metí en
mi coche y me fui, echando humo. Debo de haber conducido a 80
millas por hora. Ese día, me hice a la idea de reducir mis visitas al
mínimo, tanto por propia salud mental como por mi seguridad
física y la de todos los demás.

Cuando se vive lo que yo viví en Fresno, la escuela se
convierte en un escape, y para mí, se convirtió en eso, una vez
más. Durante estos tiempos difíciles en donde extrañaba a
mi familia, me centré en mis estudios y en hacer mi vida para
mantenerme a mí misma. Después de encontrar una compañera
de habitación y conseguir trabajo en McDonald's, me instalé en
Fresno.

Al principio, yo no quería trabajar allí; ya tenía 21 años
y pensaba que era demasiado "cool" para trabajar de nuevo en
un restaurante de comida rápida. Sin embargo, tenía experiencia
previa en McDonald's porque ya había trabajado en uno cuando
iba a la universidad en Reedley y, como estaba en la ruina y
desesperada por conseguir un trabajo, me tragué mi orgullo y
entré como cajera en el McDonald's de Cedar y Shaw.

Así viví; de cheque a cheque. La mayoría de mis cheques

fueron para cubrir los pagos del alquiler y del coche. Los préstamos estudiantiles y las becas Cal, me ayudaban a subsistir pero no eran lo suficiente para vivir porque estaba completamente sola. Además de recibir ayuda financiera y trabajar en McDonald's, también encontré empleo en las tutorías secundarias de inglés. Era difícil llegar a fin de mes pues mis tarjetas de crédito, estaban al tope, la mayor parte del tiempo pero yo estaba muy decidida a no volver a una casa en donde el dolor de los golpes y las palabras denigrantes, eran la norma.

Estudiar de tiempo completo en la Universidad Estatal de Fresno y estar trabajando, cerca de 30-35 horas a la semana, me mantuvo ocupada todo el otoño de 1990 y la primavera de 1991.

Desde que fui contratada la primera vez en McDonald's, me concentré en hacer todo a la perfección y no cometer errores. Escribía apuntes y notas sobre cada tarea nueva que me enseñaban. Algunos meses después de pasar en el trabajo, varias noches a la semana y, de hacer mi mejor esfuerzo en la limpieza del vestíbulo, haciendo hamburguesas y trabajando como cajera, recibí una oferta que me hizo el año. Me ascendieron a gerente de turno. La paga era muy buena; yo estaba encantada de ganar $5.50 por hora trabajada y aún más feliz, porque finalmente tendría un seguro de salud. Nunca había tenido un trabajo que pagara bien y que ahora, podía usar un hermoso uniforme de gerente que, consistía en pantalón azul marino, blusa de rayas y una corbata de lazo. En ese momento, empezaba a lucir un estilo más elegante. Tantos años de trabajo duro, finalmente empezaron a dar frutos. Ciertamente, me sentí muy bien cuando empecé a ser recompensada por trabajar duro y por el esfuerzo que estaba poniendo a mi trabajo.

Encontré a alguien

Army ROTC, el programa del ejército que se basa en el desarrollo del liderazgo, me podría convertir en una líder para los demás; así sería escuchada y respetada", pensé. Yo acababa de ser promovida a gerente de turno en McDonald's y necesitaba un poco de entrenamiento en liderazgo tan pronto como fuera posible porque no estaba segura de contar con todas las herramientas que se necesitaba para ese puesto. La única experiencia previa de liderazgo que había tenido fue como oficial de clubes en la universidad y sabía que no sería suficiente… Pronto tendría que empezar a decirle a la gente que barra el vestíbulo, ayude en el registro, limpie los baños y todo lo demás que un gerente de turno tiene que hacer y delegar a su equipo de trabajo. Pude imaginarme el nuevo semestre que estaba a punto de iniciar y ROTC sería la respuesta a mis problemas. Estar en la clase me ayudaría a convertirme en una gerente más asertiva. Sin embargo, yo no era la típica estudiante del ROTC porque no era atleta; de hecho, no me gustaba correr. Desafortunadamente, después de estar en el programa durante unos meses, me di cuenta que no era lo que esperaba. Odiaba levantarme a las 6 de la mañana a hacer los colores semanales. "Definitivamente ésta, no es la clase para mí", me dije. Era incómodo tener que estar junto a tantos soldados varones. Las mujeres éramos altamente superadas en número dentro del ROTC y, tener a los comandos gritando alrededor de nosotras, no era el tipo de cosas que quería hacer y en donde quería estar. A mí me parecía que estábamos tratando de parecer masculinos. Cada vez que veía a los demás, saludándose el uno al otro, no estaba segura de que sabía qué hacer. Para ser honesta, ni siquiera me daba cuenta si estaba saludando correctamente. "Me siento como una farsante; me he unido a la clase por las razones equivocadas", concluí. Aunque fue un gran programa para los demás, no lo fue para mí; así es que no me inscribí en la clase del siguiente semestre.

Antes de que dijera adiós al programa, me hice amiga de Jeremy, un joven de buen aspecto que me llamó la atención desde el primer día. Lo conocí al comienzo del semestre de primavera en Fresno State, que fue mi segundo semestre desde

la transferencia de KRCC. Él fue la primera persona de ROTC
con quien hablé. Como oficial del equipo, uno de sus deberes era
informar sobre los cambios y disposiciones a todos los nuevos
cadetes y yo era nueva en ROTC. El primer día, me di cuenta de
su perfecta caligrafía cuando estaba escribiendo sobre el uniforme,
el engranaje y el equipo militar que estaba mirando. Por supuesto,
también me sentí atraída por sus ojos verdes, su buena apariencia
y su talento ya que habla con fluidez muchos idiomas. Me
pareció raro que regularmente hablara español durante nuestras
conversaciones porque no se veía hispano y yo no conocía mucha
gente rubia y jóvenes de ojos verdes que, hablaran español, así
como él lo hacía.

Inscribirme a esa clase estaba destinado; la vida nos
unió. Ese joven de ojos verdes con letra clara y hermosa,
definitivamente llamó mi atención; no obstante me detuve en
mostrar interés alguno en él, pues alguien me dijo que ya estaba
comprometido. Cuatro meses después de conocernos, me enteré
de que no había ningún compromiso. Fuimos a nuestra primera
cita, el 26 de abril después de un evento para recaudar fondos
para el ROTC durante Vintage Days, una celebración anual de la
universidad estatal de Fresno.

Ese semestre, tomé "Inglés como Segunda Lengua" (ESL)
como mi asignatura principal y me enamoré de la Lingüística; ahí,
aprendí sobre la gramática y todo el funcionamiento de la lengua
inglesa. Gracias al profesor Miller, el inglés cobró vida para mí.
Encontré algo interesante que realmente entendía. Antes de 1991,
yo ya sabía que serían mis estudios principales, mi especialidad,
pero no había encontrado un enfoque. Aunque convertirme en
maestra siempre había sido mi sueño, yo estaba indecisa sobre lo
que iba a enseñar.

Finalmente, en la primavera de 1992, recibí mi
licenciatura, pero mi familia no estuvo en la ceremonia debido a
la distanciada relación que mantenía con mi papá. Yo me salvé
de una humillación de su parte cuando decidí no llamar para

invitarlo. Por desgracia, eso significaba que el resto de mi familia tampoco estaría allí. Sólo mi novio Jeremy y un par de amigos nuestros, asistieron a la graduación.

En esa época, yo estaba trabajando como oficinista en Kinko's, un centro de copiado en la calle donde está Fresno State. En un día de trabajo lento, me paré en el mostrador de la Kinko's mirando al otro lado de la calle. Además de ver los coches pasar, también vi la universidad en donde yo estaba estudiando. El edificio de música y la biblioteca eran lo único que podía ver desde la ventana. Los altos árboles que rodeaban los edificios escolares quedaban directamente frente a mí. Mirando por la ventana, reflexioné sobre todo el tiempo y la energía que había invertido para completar mis estudios; eso se sentía muy bien.

Me detuve y reflexioné sobre todo lo que había tenido que pasar para completar mi segundo grado académico: problemas para encontrar un lugar donde vivir, buscar compañeros decentes para compartir habitación, todo el papeleo que tenía que llenar para obtener ayuda financiera, el tiempo que pasé estudiando y trabajando para mantenerme y, todo el dolor y la frustración de sentirme sola. Mientras estaba en aquel mostrador del Kinko's, pensé sobre los retos que había enfrentado y los obstáculos que había superado. No había sido fácil, pero ese año, había hecho uno de mis sueños realidad. Esas reflexiones me llevaron a escribir una canción, *"Don't Forget Your Dreams"* que significa "No Olvides tus Sueños". Esta canción expresa la profundidad de mis emociones con la esperanza de que podría motivar a los demás a través de su mensaje.

No Olvides Tus Sueños
(1992)

Te digo: no, no, no, no
No olvides tus sueños.
No, no, no, no

Y tampoco olvides
No, no, no, no
Que es bueno soñar.

Tus sueños se pueden realizar.
Algún día tú lo verás.
Si tienes fe tú podrás
Llegar al final.

Todo lo puedes lograr.
No olvides tu meta y tendrás
la oportunidad
Tú triunfarás.

Te digo, no, no, no, no
No olvides tus sueños,
No, no, no, no,
Y tampoco olvides,
No, no, no, no
Que es bueno soñar

Hay varias pruebas
Que todos debemos pasar.
Hay que tener fuerzas
y ganas de luchar.

Si tienes fe en Dios,
Él te ayudará
Y pronto encontrarás
La felicidad.

Te digo: no, no, no, no
No olvides tus sueños,
no, no, no, no
Y tampoco olvides
No, no, no, no
Que es bueno soñar

Estaba tan agradecida con la vida porque había sido capaz de completar mis estudios. A pesar de la constante lucha y haciendo malabares con el trabajo, la escuela y los problemas personales, lo había hecho.

Experimenté un gran sentimiento de logro, de éxito; pero con él, llegó un sentido aleccionador de responsabilidad hacia los demás. Esta responsabilidad me obligó a hacer algo ese día… Estaba terminando uno de mis sueños y a punto de iniciar el siguiente. *¡Quería motivar a otros que venían detrás de mí*! Las letras de la canción que escribí ese día, reflejan mi estado de ánimo. Pronunciar estas palabras a alguien no sería suficiente. Esas palabras se convertirían en mi manera de hacer frente a la abrumadora sensación de gratitud y el deseo de animar a otros que podrían estar empezando la universidad o bien, a los que estén atravesando por luchas similares a las que yo había vivido. Desde que empecé a dar clases, cada año, he compartido el mensaje de esta canción con mis estudiantes.

Mi prioridad y objetivo número uno, siempre había sido conseguir una formación académica, pero no paré allí. Mi objetivo no se había logrado completamente; quería continuar mis estudios para obtener mi Maestría en Artes, para que yo pudiera ir al extranjero y enseñar inglés a quienes no lo hablaban o bien, apoyar en el colegio de la comunidad.

Después de tomar el *Graduate Record Examination*, que se requiere para entrar en la escuela de Posgrado y, después de llenar un mundo de formatos, fui aceptada en el programa de Posgrado, en el Departamento de Lingüística, siempre en Fresno State. Concluir con la Maestría en Artes se convirtió en mi próxima meta.

Todo mi tiempo y energía, lo invertí en solicitar becas y pasantías que luego me permitirían dejar de trabajar medio tiempo para que me dedique de tiempo completo a estudiar mi Maestría. Sentí que recibí mil bendiciones cuando me convertí en la receptora de una beca llamada "Graduate Equity Fellowship" que me permitiría asistir a la escuela y que me paguen por estudiar. Fue un descanso refrescante no tener que hacer malabares combinando largas horas de trabajo y los cursos de escuela. Antes de que me pudiera dar cuenta, ya era mayo de 1994; el día de mi graduación de la Maestría en Artes, había llegado. Fue entonces cuando me llené nuevamente de valor y coraje y llamé a mi papá. La llamada era para hacerles una invitación a mi ceremonia de graduación. Él llegó a la ceremonia con el resto de mi familia y mi novio Jeremy. Aunque todavía no me sentía a gusto al estar con papá en la misma habitación, yo tenía un fuerte deseo de demostrarle que no era una tonta ni un maniquí. Tener a toda mi familia en mi graduación, hizo que ese día se volviera memorable.

REFLEXIÓN

....

Reflexionar............	¿Qué episodio de esta sección, ha dejado alguna impresión en usted? ¿Por qué? ¿Leer sobre la forma en que yo, había cumplido mi sueño, le ayuda a reflexionar sobre sus sueños o metas que tiene en la vida? ¿A qué distancia se encuentran sus metas desde el punto donde empezó?
Examinar	Tómese un momento para reflexionar sobre lo que ha logrado… ¿A quién le da el crédito por este logro? ¿De qué manera ha pagado el duro trabajo que significa lograr una meta? ¿Cómo lo hace sentir esto?
Aplicar	¿Qué puede obtener de esta lección para aplicarla en su vida o para compartirla con otros? ¿Qué estrategias de esta sección se pueden utilizar para trabajar hacia sus metas?
Aprender	¿Qué lecciones de vida se pueden encontrar en esta sección? ¿Qué lecciones le ha enseñado la vida?
Motivar.....................	¿Qué cambios puede hacer en su vida para lograr que sus sueños se hagan realidad? ¿Cómo puede usted ayudar o animar a otros?

EL AMOR Y EL MATRIMONIO

MI GRAN DÍA

....

Yo había conocido a Jeremy cuatro años atrás; sin embargo, estuvimos saliendo exclusivamente por tres años. Nuestro compromiso era algo inusual pues aunque nos comprometimos unos años atrás, lo nuestro, llegó a ser oficial mucho tiempo después. Había evitado, no sin darme cuenta, dar un paso bastante importante: Jeremy ya conocía formalmente a la mayor parte de mi familia, con una excepción, mi papá. Temerosa de la reacción de mi padre y de la crítica de éste, no quería llevar a Jeremy a casa de mis padres para que hablara con él. Retrasé este encuentro formal tanto tiempo como pude porque no encontraba el coraje suficiente para enfrentar a mi padre y decirle que iba a casarme.

Honestamente, yo estaba muerta de miedo por tener que presentar a mi futuro esposo puesto que mi papá, en el pasado, ya me había avergonzado y menospreciado frente a otros amigos. Entonces, sólo unos meses antes de la boda, me armé de coraje y fui con Jeremy a ver a mi padre para que pudiera pedir mi mano en matrimonio. De alguna manera, yo me sentía capaz de llegar hasta el final, aunque he olvidado la mayor parte de los detalles de esa noche. Yo sólo sabía que era algo que tenía que hacer por mí y para mi mamá. Quería hacer las cosas bien y tener a mi padre para caminar con él por el pasillo hacia el altar. En mi corazón, sabía que esa era la forma en que se suponía debían ser las cosas y qué era exactamente lo que tenía que suceder, a pesar de mis verdaderos sentimientos hacia mi padre. No importaba que nosotros no tuviéramos una relación, o que él todavía estuviera resentido por la forma en que me fui. Fue una de las cosas más difíciles que he tenido que hacer, pero hoy estoy contenta de haberlo hecho.

Jeremy y yo, teníamos muy poco dinero para pagar los gastos de nuestra boda pero él, quería darme una ceremonia y recepción agradable. Probablemente nos hubiéramos casado antes si no hubiera sido por nuestra situación financiera. Nos tomó más de un año ahorrar dinero para pagar la mayor parte de los gastos de nuestra boda. El resto lo tuvimos que cargar a nuestra tarjeta de crédito. Nuestros anillos de boda fueron baratos y mi vestido, fue alquilado. En ese momento, sentía que no era necesario gastar una fortuna en el vestido. Después de todo, no había necesidad de gastar miles de dólares en un vestido que sólo usaría una vez en mi vida. Para ahorrar dinero, opté por alquilar un traje de novia de satén crudo y blanco, en una tienda de segunda mano que encontré mientras revisaba las páginas amarillas.

Debido a que nos conocimos en enero, me pareció que sería muy significativo casarnos el mismo mes. A pesar de que era invierno, el clima estaba perfecto para nuestra boda. *Fue mi gran día, el día con que cada niña sueña.* No había niebla o lluvia; estaba claro y no había demasiado frío. El día de la boda, me fui a casa de mis padres para estar lista, pero cuando vi a mi papá, él no se veía como un campista feliz. De hecho, cuando llegué, me dio la impresión que para él, era un típico día de labores. Trabajando en su jardín con su ropa de siempre, sostuvo una pala en la mano y caminó hacia el patio delantero, a un lado de la casa, y luego, se dirigió al patio trasero. Él regaba las plantas y así, se mantuvo ocupado mientras mamá y yo fuimos a la estética para que nos peinaran y arreglaran. Cuando regresamos, yo estaba en la casa terminando de arreglarme y, estando ahí, me pregunté cuándo iba a entrar para vestirse y estar listo. Después de varias horas, por fin entró, se metió al baño y se puso el esmoquin negro. En ese momento, él y mamá me llevaron a una de las habitaciones y me dieron su bendición. Ellos eran católicos tradicionales, así que me dijeron algunas oraciones y luego, me dieron sus bendiciones y me hicieron la señal de la cruz. Después, nos metimos al coche y nos dirigimos a la pequeña iglesia blanca del centro de Sanger a donde íbamos frecuentemente cuando éramos más jóvenes. La Iglesia de Santa María, que estaba en la calle "O", era la única Iglesia católica en Sanger, pero el edificio era demasiado pequeño para que diera toda la gente durante las misas dominicales. Por lo general, estas misas se celebraban en el salón St. Mary's de la iglesia que en ese entonces, hacía una doble función. Antes de que la nueva iglesia fuera construida, el salón de Santa María, los sábados por la noche, también era alquilado para bodas, quinceañeras, recepciones y otros eventos. Sin embargo, las misas sabatinas y ceremonias de boda y quinceañeras, siempre se celebraron en la pequeña iglesia.

     Tenía recuerdos especiales de aquella iglesia. Me recordaba mi adolescencia, cuando estaba en el coro de jóvenes que cantaban en español y mis hermanos Marcos y Mona, querían estar conmigo cuando íbamos a cantar. Cantar siempre había sido mi pasatiempo favorito, así que recordé esos días con mucho cariño.

     Antes de la ceremonia de la boda, nos tomamos fotos en una de las salas de la iglesia, pero mi padre se negó a sonreír. Él me estaba mirando fijamente, lo que hizo que yo no quiera estar en la misma habitación con él, por no decir que tampoco quería salir en la misma foto. Yo ni siquiera quería que hiciéramos contacto visual mientras estaban tomando fotos, porque me hacía sentir totalmente incómoda. ¿Por qué tenía que hacer las cosas tan difíciles? Lo menos que podía haber hecho era fingir una sonrisa para que, aunque sea, en una foto se viera decente. Sus miradas agrias me dejaban sin palabras. Lo único que tenía que hacer, era fingir que todo estaba bien y feliz. Estaba segura de que el fotógrafo se preguntaba qué estaba pasando…

En el fondo, sabía la razón de la ira de mi padre. Ante sus ojos, yo era una mala hija por haberme salido de su casa. Durante toda la sesión fotográfica, sus miradas descontentas me molestaron, pero yo no iba a dejar que eso, arruinara mi día especial. Independientemente de las circunstancias, para mí, era importante tener presentes a mis padres el día de mi boda. Por lo tanto, tenía que lidiar con ese malestar. *"Con el tiempo lo superaré"*, me dije.

El día de la boda, tanto mi madre como mi padre, caminaron conmigo hacia el altar; yo sabía que eso no era habitual en las ceremonias de boda tradicionales pero mi mamá era una parte tan importante de mi vida que sentí el deseo de darle ese privilegio. En realidad, la relación tensa que tenía con mi padre, fue el mayor factor que me orilló a tomar esa decisión pues tenía sentimientos encontrados al pensar que mi papá me entregara en el altar. La verdad es que tenía mucho miedo y quería tener a mi mamá allí para sentirme más segura. Satisfecha con la decisión de involucrarlo en mi boda, no me detuve mucho tiempo en meditarlo porque me pareció que era lo correcto y lo que tenía que hacer.

El día de la boda llegó…Caminando por el pasillo de la iglesia, estaba tensa, sí, pero con mi mamá a mi lado y yo, sentía que poseía una confianza nueva e inesperada. Un sacerdote italiano nos casó y la ceremonia se desarrolló sin contratiempos. Todo mundo, en la ceremonia nupcial, se veía tan elegante debido al infinito color azul marino de la iglesia.

Las damas de honor, portaron largos vestidos azul marino para que estuvieran del mismo color que llevaban el traje del novio, el padrino de honor, y los padrinos de boda. Elsa y Arlene, dos de mis amigas de la universidad, fueron mis damas de honor junto con mi hermana más joven, Mona. Mi hermana Miriam, fue mi madrina de honor y Jarod, el mejor amigo de mi marido desde la secundaria, fue su padrino de honor. Los padrinos de boda, eran amigos de Unidad de la Guardia Nacional, por lo que también llevaban el color azul militar en sus trajes, lo que hizo que la boda, se vea aún más hermosa y especial. Yo nunca había asistido a una boda en donde los padrinos, pertenecieran al ejército; por lo tanto, yo no sabía que podría suceder. Después de que el padre, nos declaró marido y mujer, hicimos la salida de la iglesia a nuestra manera: todos los padrinos de la boda hicieron un arco con sus espadas al momento en que salíamos. Fue un bonito detalle. Frente al edificio de la blanca iglesia, nuestra familia se reunió brevemente para intercambiar abrazos y palabras de felicitación antes de dirigirnos a Fresno.

La boda se celebró ahí y después, en vez de irnos de luna de miel, nos alojamos en un hotel del lugar. Ambos estábamos en nuestros primeros años como maestros y él, tenía que ir a trabajar al siguiente lunes. Además, no podíamos darnos el lujo de gastar más dinero. Me tomé un día libre en el trabajo sólo porque me lo había ganado en un sorteo en donde el maestro ganador, conseguiría un día libre. El sorteo se llevó a cabo durante un día de *Crecimiento Profesional,* en la escuela intermedia donde yo trabajaba. Todos los que regresamos temprano del almuerzo, fuimos tomados en cuenta automáticamente para la rifa y a mí me tocó. El premio era exactamente lo que yo necesitaba: *un día de descanso para estar lista en mi gran día.* El director fue quien me sustituyó en mi clase de aquel día. El periódico local de Selma, *The Selma Enterprise,* me entrevistó y colocó mi foto en el rotativo de aquella semana. En el artículo, mencioné que mis padres iban a caminar conmigo por el pasillo de la iglesia pero no le dije al mundo, la verdadera razón por la que mamá, también caminaría conmigo y no sólo mi papá. Siempre recordaré aquella fecha como un día especial porque mi familia estuvo conmigo el día en que me casé con mi *Príncipe Azul.*

El perdón viene antes que la sanación

Es difícil perdonar, pero es aún más difícil explicar y entender el concepto. Según el Nuevo Diccionario Mundial de Webster para jóvenes lectores, "perdonar", significa "renunciar a sentirse enojado o con el deseo de castigar; mostrar misericordia a, excusa, o indulto (pág. 290).

Durante años, pensé que había perdonado a mi padre por todo el daño que me causó cuando yo estaba creciendo.

Después de decirle al Pastor Otis todo lo que yo sentía, me di cuenta de lo ignorante que era sobre el tema pues él me enseñó que "El perdón" no es un sentimiento es un proceso y como tal, lleva su tiempo. Sin querer escuchar esas palabras y estando un poco confusa en cuanto a cómo debía iniciar ese proceso, traté de entender cada una de ellas y guardarlas en mi mente. Sabía que sus palabras significaban y exigían un cambio de comportamiento y de mi parte, sería necesario tomar una nueva perspectiva. También sabía que tomaría tiempo. Me preguntaba constantemente si ya estaba emocionalmente lista para dar este paso…

Tener el carácter fuerte que por naturaleza heredé de mi padre, me daba la seguridad de estar dispuesta a todo, siempre y cuando yo tomara la decisión de actuar. Y yo, no había tomado esa decisión en aquel momento. ¿Quién sabía cuándo llegaría? Por lo tanto, entendí que no sería tan fácil como decir "yo perdono a mi padre". El proceso del cual me habló mi pastor no sucedió de un día para otro. Yo esperaba que todo comenzara y terminara, sin los pasos intermedios que harían que todo pasara lentamente. *"Eso es como hacer trampa"*, me decía a mí misma.

En mi vida, el perdón no llegó hasta que acepté el hecho de que yo no podía resolver sola mis problemas. Yo iba a necesitar ayuda. La ayuda que necesitaba estaba a mi alcance, pero nunca lo vi así, sino hasta el año 2004, cuando estaba sentada en la iglesia llorando en silencio, en agonía. El primer paso fue aceptar a Jesús en mi vida. El segundo fue recibir asesoramiento y, el paso más importante de todo, fue, tener una larga conversación con mi papá. Era el paso final que en última instancia, me condujo a la más grande sanación. No podría haber dado ese paso sin antes llamar a mi pastor para pedirle sus consejos y que me apoye con sus oraciones.

Era febrero de 2005; tres meses antes de cumplir mis 36 años; el impulso de hablarle a mi padre, con mi verdad, vino como resultado de la lectura de *"El Clarión"*, periódico de la escuela en la que trabajo y recién salido de las prensas. Un artículo fue escrito sobre mí vida después de haber sido seleccionada *"Maestra del Mes"*. En ese momento, yo sólo estaba trabajando medio tiempo, debido a las tensiones por el despliegue militar de mi marido a Kosovo, lo cual, afectó mucho mi salud. Durante esos meses, me iba a casa después de la cuarta clase, justo antes del almuerzo. Un día, después de salir de la escuela y recoger un almuerzo rápido en KFC, tuve curiosidad por ver el artículo realizado por una excelente escritora que además, era una de mis estudiantes. Jasmine, fue mi alumna en la clase de español 2 durante ese semestre, lo que hizo la experiencia aún más especial porque su escritura era impresionante y ella había sido quien me entrevistó para el artículo. Caminé de regreso al coche, con la comida en la mano y me senté para comenzar a leer el artículo que habría de cambiar mi vida. Antes de tocar mis alimentos, tomé el periódico y empecé a leer. Leí el texto de principio a fin y entonces, mis ojos vieron la verdad. Yo siempre había atribuido mi éxito a mí misma porque eso había sido mi misión toda la vida: *demostrarle a mi padre que yo era digna y que no era una persona mensa o estúpida.* Había trabajado duro durante siete años para poder pagar la universidad y dejé a mi familia para alejarme de él. Desde el principio, me concentré en mis metas porque quería una vida mejor de la que yo recordaba por haber crecido en un hogar con un padre abusivo.

Mientras leía el artículo que describía cómo superé todos

los obstáculos de mi vida y cómo pude lograr todas mis metas, me invadió un sentimiento de gratitud hacia mi padre por primera vez en la vida ¿Por qué le estaba agradecida? Porque si él nos hubiera dejado en México, mis sueños no habrían sido míos para poder perseguirlos y alcanzarlos. Yo estaba agradecida porque él, siempre proveyó económicamente lo que nosotros necesitábamos cuando vivíamos en México y, no nos había abandonado allí.
Por fin pude ver el beneficio de todos los años en que nos había llevado a trabajar en los campos. Ahí, es donde me enseñó la ética sobre el trabajo, lo cual, me llevó a donde hoy estoy. El mismo artículo de la prensa, que era un reconocimiento a mi optimismo siempre presente y la fuerte ética en mi trabajo, también me revelaron en letra pequeña y negra, que yo no lo hice todo por mí misma. No era mi propia creación, me di cuenta; Dios, puso a la gente adecuada en mi camino y me colocó justo donde Él quería que yo estuviera. Fue mi decisión hacer lo mejor con lo que había recibido de la vida, pero definitivamente, también me brindaron mucha ayuda en el camino.

Con ganas de expresar mi agradecimiento recientemente descubierto y que de repente, había reemplazado toda una vida de odio y resentimiento hacia mi padre, me fui rápidamente del estacionamiento de KFC, en Selma, y, conduje hacia el norte, por la calle McCall, hacia Sanger para ver a mi papá. Necesitaba hablar con él de inmediato pero mi corazón latía con fuerza y seguía recordándome lo asustada que realmente estaba. En el fondo de mi mente, secretamente deseaba que no pudiera encontrarlo. Estaba a punto de derramar mis entrañas ante el hombre que tanto había temido siempre y, que yo no podía mirar a los ojos ni hablar con él. No, él no era la persona hacia quien yo corría ansiosamente para darle una buena noticia; esta vez era diferente y nuestra conversación no iba a esperar ni un día más.

Después de que no encontré a mi papá en casa, sentí un gran alivio, pero luego me acordé que yo estaba allí con una misión y que tenía un trabajo que hacer. Me dijo mi sobrino Arturo, que podría encontrar a mi padre en su lugar de reunión habitual, uno de los parques locales sobre la avenida Academia al norte de Sanger. Sin saber lo que le iba a decir, me dirigí al parque y ahí, vi su brillante Van anaranjada, en el lado oeste del estacionamiento. Al verlo me sentí ansiosa, con miedo y también emocionada con anticipación. Como el clima estaba agradable, le sugerí que nos sentáramos en una mesa. Él no quiso sentarse en el banco de un parque; entonces, me imaginé que él querría estar sentado y cómodo en su van. Después de sentarnos en el asiento delantero de su auto, todo empezó cuando le mostré el artículo y le ofrecí traducírselo. Le expliqué por qué fue escrito. Le dije varias cosas que él aún no sabía. Yo ya no estaba asistiendo a la Iglesia Católica y su respuesta fue que la religión católica, era la única que conocía, pero estaba contento por mí porque yo había encontrado una iglesia que me estaba ayudando. Ese día, le dije que yo estaba yendo a la iglesia todos los domingos y que también, estaba leyendo la Biblia. Eso me estaba ayudando a lidiar con los desafíos que estaba enfrentando durante el despliegue de mi marido en el exterior, mientras trabajaba a tiempo completo y cuidaba sola a mis tres hijos.

Le dije que le estaba muy agradecida por las muchas veces que nos dijo que fuéramos a la escuela para que pudiéramos aspirar a algo mejor. Le expliqué lo contenta que estaba de que nos llevara a trabajar en los campos, porque eso me enseñó a ser muy trabajadora y responsable. Le mencioné todas las veces que prolongaba el almuerzo, durante la temporada de la poda, sólo para que tengamos un descanso más largo. Para descansar un poco más, comía muchos más tacos de *carne asada* con sus tortillas calentadas y suaves que estaban para chuparse los dedos - Los dos nos reímos de eso-. Compartir todo esto con mi padre, hizo que mi día fuera muy especial porque fue la primera conversación significativa y honesta que había tenido con él. Sí, ya sé que había sido difícil vivir con una persona como él, pero también había aprendido algunas cosas de él. Después de ese día, ya no lo juzgaría, no lo odiaría, ni le tendría miedo…

Él, le dijo a mi mamá más tarde, *"tu hija me hizo llorar"*. Él dijo que yo lo hice llorar, aunque nunca vi sus lágrimas. Yo recuerdo sus ojos fijos reflejados en el parabrisas mientras trataba de mirar a otro lado y evitar algún contacto visual conmigo. *"Eso es todo lo que sabía; así es como me crié"*, me dijo ese día. Nunca tuve que mencionar el abuso o sus palabras de odio. Estaba flotando en las nubes ese fin de semana. Deseosa de anunciarle a todo mundo lo maravilloso que era dejar de lado la ira y el resentimiento, llamé a mi hermana y a mi madre y les dije las buenas noticias. Sentía ganas de decirle lo mismo a cualquier persona que estuviera dispuesta a escuchar sobre mi experiencia gozosa. Eufórica, finalmente pensé que perdonar era una gran sensación. Me regañé, por qué no lo hiciste antes, me dije. Una enorme carga se había levantado de mis hombros. Me sentí como una persona nueva.

Decir "Te Amo"

Yo fui víctima de abuso infantil y después del nacimiento de mis hijos, tomé la decisión consciente de que el círculo vicioso no continuaría conmigo. Tengo tres hijos inteligentes, maravillosos y hermosos que me hacen sentir muy orgullosa. Mientras estoy criando a mis hijos, deseo que crezcan en un ambiente de consolidación donde se sientan seguros y aceptados. Deseo que sepan lo mucho que los quiero y trato de demostrárselo todos los días, a través de mis palabras y acciones.

Lo más importante, es que yo quiero que sean plenamente conscientes de que he perdonado a mi padre. Quiero que sepan el poder del perdón porque me ha traído la paz y la curación que me hizo falta todos aquellos años. Por supuesto, los recuerdos siempre estarán conmigo pero la ira se ha ido; como resultado, hoy, soy una persona cambiada.

Además de ser una madre orgullosa, también soy una

hija agradecida. Estoy agradecida por tener a mi madre Paz,
cuyo nombre le viene perfectamente. La mirada suave de sus
ojos refleja esos rasgos. La paz y la tranquilidad de su carácter
la definen. Su paciencia y naturaleza tranquila, me recuerdan
a lo que debería aspirar. Ella es mi madre, pero también es
mi confidente, mi modelo a seguir y una de las personas más
trabajadoras que conozco. Durante el despliegue militar de mi
marido, en el extranjero, siempre estuvo a mi lado alentándome
y dispuesta a ayudarme a cuidar a mis hijos y a mantener la casa
ordenada y limpia. Su apoyo fue más de lo que cualquier hija
podría pedir. El pelo canoso de mamá muestra las luchas que ha
vivido, pero lo tiñe frecuentemente así es que rara vez vemos su
grisácea cabellera. Su pelo rizado descansa sobre sus hombros;
tiene pelo lacio pero lo mantiene rizado gracias a los permanentes
que se hace cada dos o tres meses. Es tranquila, cariñosa y muy
generosa. Incluso, si mamá tiene una pequeña cantidad de "algo",
siempre lo reparte. En la empacadora de fruta donde trabaja, ella
comparte con sus compañeros de trabajo, su salsa de chile hecho
en casa que es como cualquier salsa pero mejor. Ella, la prepara
con tomates y jalapeños o chiles serranos asados; luego los pone
en la licuadora con un poco de sal, ajo y pimienta. Así es como
convierte mágicamente esos chiles y tomates en un delicioso
complemento para cualquier taco o burrito que comamos. El chile
que prepara es el mejor y me lo regala regularmente. Cada vez que
viene a visitarme, me trae un poco y cuando la visito en Sanger,
siempre me voy con mi dotación para la semana.

      También estoy agradecida con mi padre. Aunque mi
papá tiene sus defectos y nos causó, a mi y a mis hermanos,
mucho dolor cuando estábamos creciendo, he aprendido algunas
lecciones importantes de él. Cuando nos llevaba a trabajar en el
campo del Valle de San Joaquín para pizcar la uva, la ciruela y atar
las viñas, él siempre nos decía: "*Si no quieren trabajar en el campo
por el resto de sus vidas, vayan a la escuela y reciban su educación*".
Esas palabras se me grabaron. Además, el hacer ese tipo de trabajo

fue lo que me convenció de que la única salida de una vida de pobreza sería ir a la universidad. De él aprendí que en la vida, se necesita una fuerte ética en el trabajo para conseguir lo que quieres. Yo no tengo ni un sólo hueso perezoso en mi cuerpo por la forma en que él nos crió.

Hay muchas personas que dan por sentado las palabras *"Te amo"*, como si la gente tuviera el poder de adivinar que la amamos. Lo sé porque yo soy un ejemplo perfecto. No digo las suficientes veces "te amo", a las personas importantes en mi vida.

Decir la frase "te amo", parece algo fácil de hacer pero no lo es para algunos individuos. Mi padre es uno de ellos. El domingo de Pascua de 2008, mi hermana Mona, la más pequeña, falleció; perdió la vida trágicamente en un accidente causado por un conductor ebrio. En marzo de 2010, exactamente dos años después de su muerte, llamé a casa de mis padres para ver si querían ir al cementerio de Sanger y visitar la tumba de Mona. Yo quería llevarlos a los dos pero mi mamá estaba trabajando y ya que mi padre era el único en casa, me ofrecí a llevarlo. *"No, está bien así"*, fue su respuesta. Tratando de consolarlo en el segundo aniversario luctuoso de mi hermanita, le dije: *"papá, los recuerdos que tenemos de Mona, nos darán la fuerza que necesitamos hasta que la veamos de nuevo. Usted sabe que vamos a estar con ella otra vez, ¿no?"* A pesar de que esas palabras estaban destinadas a consolarlo, también me ayudaban para sentirme mejor en ese triste día. Cuando estaba lista para colgar el teléfono, los dos decíamos "bye", pero ninguno quería ser el primero en colgar. Yo no estaba tomando demasiada seriedad a lo que yo misma decía y menos a la conversación porque me estaba enfocando en la carretera.

Entonces, le dije: *"lo quiero mucho"*. Él respondió: *"Yo también"*. De repente, me di cuenta… No sé de dónde saqué el suficiente coraje y le pregunté en mi tono más confiado de voz, *¿Por qué no dice te quiero?* Usted nunca me ha dicho esas palabras… *"Te quiero"*, fue su respuesta. *"Te quiero mucho"*, pronunció en voz tan baja que casi la califico como un susurro. Al principio, yo no estaba segura de que había oído bien. Mis oídos me estaban engañando. ¿Era sólo mi imaginación? Yo estaba asombrada, sorprendida y casi a punto de llorar pero me estaba riendo y llorando al mismo tiempo. Le dije y me pregunté si eso nunca le había ocurrido a él. Aunque creo que eso lo dije en voz alta, no lo recuerdo exactamente debido a la sorpresa.

Al final, en 2010, sucedió; las palabras que yo pensé que nunca pronunciaría mi papá, salieron de su boca…

Mi presente, ahora, es verdaderamente un presente…

Escribir este libro, fue un proceso doloroso y a veces, hasta difícil pero al final, me sanó el alma. Viajar y visitar el pasado, fue difícil porque tuve que recordar y revivir el dolor físico y emocional y eso, fue agotador. Sin embargo, pronto me di cuenta que mi pasado me estaba dando las esperanzas.

Mientras plasmaba mi historia por escrito, en una hoja de papel y, más tarde en la computadora, estuve haciendo malabares con los retos diarios del trabajo, el hogar y la vida en general. Hubo muchos momentos en los que sentí que ya no podía seguir escribiendo porque estaba demasiado cansada o muy ocupada. Fue entonces que mi propia historia me recordó que renunciar y ceder, era algo que nunca había hecho, incluso cuando mi vida estaba en su punto más oscuro.

Cuando era niña, siempre solía encontrar esperanzas incluso cuando las cosas parecían tener ninguna esperanza; mientras que la adolescente que era, veía el vaso medio lleno en vez de verlo medio vacío, en todo momento, siempre me mantuve soñando con tener un mejor futuro. Mi *"futuro mejor"* está aquí y me siento muy afortunada de tenerlo. Mi presente, es un gran regalo, envuelto con paciencia y fe; es mucho mejor de lo que habría esperado porque está lleno de amor, de amistad y de oportunidades. Mi vida es un don y le agradezco a mis padres porque ellos me la dieron.

Ahora que mi vida es mejor, no debería tener nada de qué quejarme, ¿cierto? Pues no. Pensé que la vida, de repente, sería más fácil pero en ocasiones, las dudas e inseguridades se acercan a mí y a veces, cuando las dejo, me arruinan mis triunfos. Cuántas veces pensé que nunca iba a terminar este libro, especialmente cuando los recuerdos del pasado volvían y me atormentaban pero yo nunca dejé que me robaran mi alegría. Seguí escribiendo y haciendo preguntas a mis hermanos y a mis padres para asegurarme de que todos los datos estaban correctos y que mis recuerdos del pasado eran exactos.

En diferentes momentos, el trauma de mi infancia ha causado que yo tenga miedo, una baja autoestima, y sentimientos de inadaptación a mi espacio, incluso ahora. En 2005, fui a terapia unos meses cuando mi marido estaba con el ejército en el extranjero. La terapia me ayudó en cierta medida pero lo que más me ha ayudado es saber que tengo un Dios que me ama y en última instancia, va a sanarme completamente. Hubo muchos momentos en los que pensé que no podría vivir con los recuerdos, las golpizas y tanto dolor emocional; pero esos tiempos se han ido, ya están en el pasado. De vez en cuando tengo pesadillas en donde mi mamá deja a mi papá, o en donde él, hace de nuestra vida un infierno, pero esos sueños son muy esporádicos.

Hoy estoy en paz y estoy haciendo una diferencia en la vida de los demás con mi carrera de educadora. Quiero animar a mis alumnos y ser un modelo a seguir. Mi objetivo es motivar a nuestros jóvenes para que alcancen las estrellas y puedan mantenerse enfocados en sus sueños. Sé que compartir mi historia con mis alumnos les dará ánimo para que a medida en que experimentan sus propios juicios, nunca se den por vencidos. Siempre les digo que si yo pude alcanzar mis metas, a pesar de mis circunstancias horribles, entonces ellos también pueden sobresalir y superar los problemas de la vida. Para algunos, mi historia no es una odisea espectacular pero es mi ejemplo vivo de cómo vencí los obstáculos. Cuando los estudiantes me cuentan sobre sus angustias y preocupaciones, les digo que aunque no tengo todas las respuestas, yo tengo tiempo para escucharlos y guiarlos de la mejor forma que mis capacidades lo permitan. Esta es una de las muchas funciones y roles importantes que hoy juego.

Sin embargo, mi papel más importante, incluye ser la mejor madre e hija que pueda. Durante la mayor parte de la vida de mis hijos, no visitaron ni hablaron con el abuelo porque yo me mantenía lejos de su casa. Tenía miedo de mi padre y no quería que mis hijos estén cerca de él por temor a que los tratara mal o los ridiculizara como él acostumbraba hacer. Hoy, estoy intentando ser una mejor hija y voy a visitar a mis padres con más frecuencia. Para mí, pasar tiempo con ambos es bastante especial porque en el pasado, cuando iba a Sanger, era sólo para pasar tiempo con mamá. Nunca tuve una relación de padre-hija con mi papá, así que no tenía idea de qué hablar durante nuestras conversaciones. Ahora, los visito a los dos y a papá, regularmente, le doy masajes en los pies para que se sienta mejor. En los últimos años, el Parkinson y la diabetes le han robado sus fuerzas. Se mueve lentamente, pero todavía se pasea, especialmente cuando se trata de ir al bingo los sábados.

Siempre que voy a Sanger, procuro prepararles *tarta de durazno*, ya que es uno de los postres favoritos de la familia. Él, si lo dejamos, se come hasta tres rebanadas al mismo tiempo. Cuando hablamos, discutimos sobre el progreso de mi libro. Desde el primer día, él fue un gran apoyo y estuvo de acuerdo conmigo en que el mensaje que estoy dando en mi libro, necesitaba ser compartido. Me sentí aliviada cuando mis padres me dieron su bendición para seguir con este proyecto.

El pasado mes de octubre, cuando fui a recoger a mamá para llevarla de compras por su cumpleaños, llegué a su casa y los saludé con un abrazo. Mi papá movió los brazos lentamente pues él, realmente no sabía cómo dar abrazos apretados. Como él estaba recostado en el sofá, me agaché para abrazarlo y le dije:

"*déme un abrazo, apá, pero como usted siempre nos decía, con ganas*". Cuando estábamos creciendo, cada vez que nos mandaba a hacer algo, nos decía que lo hiciéramos *con ganas*. Él se sonrió y sus ojos se le pusieron un poco llorosos.

REFLEXIÓN

....

Reflexionar............	¿Qué opina sobre el perdón después de leer esta sección?
Examinar	En su vida, ¿hay alguien que lo haya lastimado y que quiera perdonar? ¿Hay alguien a quien usted le hizo daño? ¿Cuáles fueron las circunstancias? ¿Su situación, es similar a la mía, en qué?
Aplicar	¿Qué le diría a alguien que le lastimó? ¿Qué medidas tomaría para comenzar el proceso de perdón, claro, si usted está dispuesto a perdonar?
Aprender	¿Qué lecciones ha aprendido de la última sección de este libro? ¿Qué lecciones ha aprendido de los resentimientos del pasado?
Motivar...................	Después de leer esta sección, ¿qué puede cambiar y cómo mejorarían su vida si realiza estos cambios?

ABUSO INFANTIL EN AMÉRICA

LA CARA FEA DEL ABUSO INFANTIL

Por Nina Pérez-Reed, 2011

Los niños merecen vivir en un ambiente seguro, en donde sean amados, guiados y alentados en la medida que crecen y se convierten en adultos responsables y respetuosos. Por desgracia, eso no describe con precisión la vida de muchos niños en los Estados Unidos. Como padres y jefes de nuestra casa, es nuestro deber garantizar que los niños que procreamos, no sean intimidados o heridos físicamente. Lo irónico es que, a veces, las personas encargadas de la protección de los niños, son las mismas personas que los intimidan y les hacen daño. El abuso infantil es una enfermedad social, con efectos nocivos duraderos. Muchos niños sufren durante toda su vida y permanecen en un estado de perturbación después de haber sido objeto de abusos. Incluso, en algunos casos, los niños mueren muy jóvenes a manos de sus cuidadores.

El abuso infantil, estuvo presente en mi hogar y está presente en todo el país. No pasa un día en donde no lea en el periódico o escuche en la televisión, casos sobre la violencia infantil. Lamentablemente, muchas de estas historias describen el abuso que ha resultado en muerte o lesiones graves. Al escuchar esas historias, todo lo que uno puede hacer es sentir tristeza por esos niños, orar por sus almas. Además, debemos preguntarnos si alguien pudo haber hecho algo para evitar la tragedia y pensar en lo que podemos hacer para detener el abuso infantil en nuestra sociedad. Para aquellos que como yo, sobrevivimos al abuso infantil, nuestras vidas pueden estar marcadas con las cicatrices emocionales porque la sanación y el perdón no viene de un día para otro, si es que ocurre. En mi caso, tardé más de veinte años para que finalmente buscara ayuda y comience mi proceso de sanación.

Con el fin de prevenir o finalizar el ciclo de abuso infantil, es importante saber qué es el abuso. Según el Nuevo Diccionario Mundial de Webster para jóvenes lectores, la palabra "abuso" significa "hacer daño al maltratar, regañar o hablarle mal a alguien o de alguien" (pág. 4). Al mirar con más profundidad, el abuso infantil puede ser clasificado en: *abuso verbal, físico, emocional y sexual.*

Lo que se considera como maltrato infantil, suele ser diferente dependiendo en dónde se encuentre, con quien esté hablando y cuándo se hizo la descripción del concepto. La definición de maltrato infantil ha evolucionado y no siempre ha sido la misma. Sin embargo, aunque hay varias definiciones, todas incluyen dos o más de los siguientes elementos: lesión física, daño mental o emocional y abuso sexual. "(Ryan & Cooper, pág. 232).

El siguiente extracto de la Web del Departamento de Salud y Servicios Humanos de Estados Unidos, incluye una descripción detallada del abuso físico y emocional:

El abuso físico es una lesión física no accidental (va desde pequeños moretones hasta fracturas graves o, incluso, la muerte) resultado de puñetazos, patadas, mordidas, sacudidas, lanzar, apuñalar, estrangular, golpear (con mano, palo, correa, u otro objeto), quemaduras, o cualquier otra manera de dañar a un niño y que es infligido por un padre, cuidador u otra persona que tiene la responsabilidad del niño. Dicha lesión se considera abuso sin importar si el cuidador tuvo o no, la intención de lastimar al niño.

El abuso emocional (o psicológico) es un patrón de conducta que perjudica el desarrollo o el sentido del valor emocional que un niño debe tener. Esto puede incluir críticas constantes, amenazas, o rechazo, así como la retención de amor, apoyo u orientación. El abuso emocional, es a menudo, difícil de probar y, por lo tanto, los servicios de protección de menores pueden no ser capaces de intervenir si no hay evidencia de daño o lesión mental en el niño. El abuso emocional casi siempre está presente cuando se identifican otras formas de abuso. (Child Welfare Information Gateway, sección 1)

Existe una lista específica de individuos que regularmente entran en contacto con los niños y, en casos de violencia, están obligados por ley, a ser informantes obligatorios. Incluye profesores, abogados, policías y trabajadores sociales. (Iannelli, 2010, pediatrics.about.com, Abuso Infantil Estadística, párrafo 8). Siendo maestra, yo misma, veo que los educadores pasan muchas horas del día interactuando con los estudiantes; por lo tanto, somos más propensos a ver los signos y síntomas de abuso. Ryan y Cooper (2004), informaron sobre los siguientes signos potenciales de abuso en menores:

- Lesiones repetidas tales como contusiones, verdugones y quemaduras
- Aspecto descuidado
- Cambios repentinos en el rendimiento académico
- Perturbación, conducta pasiva o retraída
- Padres "supercríticos" que permanecen aislados de la escuela y la comunidad (págs. 78-79).

En los programas de formación del profesorado, los docentes, son conscientes de los posibles signos de abuso en menores, así como de las leyes y procedimientos para reportarlo a las autoridades. Además, se nos requiere hacer el informe, incluso cuando no estamos seguros de que realmente ocurre. Por lo tanto, cada vez que un profesor tiene la sospecha de que un estudiante está siendo abusado, lo mejor que debe hacer, es tomar las medidas adecuadas para garantizar la seguridad del niño.

Cualquier tipo de abuso puede ser perjudicial para los niños pequeños. Puede afectar su presente y su futuro. Algunas de las secuelas pueden aparecer de inmediato o incluso durante la experiencia, mientras que otras pueden surgir en la edad adulta (Gil, 1988). Ryan y Cooper (1994) explican que algunos de los efectos del abuso infantil son: problemas de aprendizaje en la escuela, dificultad de concentración, altos niveles de estrés y baja autoestima.

Además, muchos de los niños que sufren el trauma del abuso y otros problemas sociales, están en riesgo de no graduarse de la escuela secundaria o de no tener éxito en la vida debido a la inestabilidad con la que crecieron (Ryan y Cooper).

Los niños siempre han sido un blanco fácil, ya que son la parte más vulnerables de los seres humanos (Iannelli, 2010, pediatrics.about.com "Abuso Infantil Estadísticas"). Hace cientos de años, los niños eran considerados propiedad y los padres podían hacer con ellos, lo que quisieran. Por otra parte, los infantes, en muchos países fueron (y siguen siendo) obligados a hacer trabajo físico en beneficio de los adultos (Historia del Abuso Infantil, sección 1). Estos niños fueron tratados peor que animales. En 1873, una trabajadora de la iglesia, encontró a Mary-Ellen, una niña de nueve años de edad, desnutrida y encadenada en su propia casa. Cuando le informó a las autoridades, no hicieron nada al respecto. Incluso la SPCA tenía leyes para proteger a los animales pero no había nada para proteger a los niños contra el maltrato de sus padres o cuidadores. La señora Wheeler no se dio por vencida. Ella siguió el caso e informó a las autoridades que la joven Mary-Ellen debía ser protegida porque ella era parte del reino animal. Su persistencia dio frutos y la pequeña Mary-Ellen le fue quitada a sus padres y posteriormente, enviada a un hogar de protección. Mary-Ellen, prosperó después de que la sacaron del infierno que vivió en donde sus propios padres la golpeaban y la dejaban morir de hambre. Ella formó una familia y vivió hasta los 92 años de edad. Mary-Ellen se considera el primer caso de abuso infantil en América del Norte. Su caso, dio lugar a la fundación de la *"Sociedad para la Prevención de la Crueldad contra los Niños"* con la protección del niño como su mandato principal. (Efectos de Abuso Infantil, "Abuso Infantil Historia", sección 2).

Cuando ocurre el abuso de menores, éste no discrimina. Vemos su presencia en todos los niveles socioeconómicos y de educación, religiones y razas. En 2007, casi la mitad de todas las víctimas de abuso y negligencia infantil, eran de raza blanca (46,1%), una quinta parte (21,7%) eran afroamericanos y una quinta parte (20,8%) eran hispanos" (Abuso Infantil Estadística, . párrafo 1). En cuanto al género, las tasas de maltrato infantil son muy estrechas con el 47.3 para los hombres y 50.7 para las mujeres. Además, los niños de varias edades pueden ser víctimas de abuso infantil, pero el grupo más vulnerable, incluye a los más pequeños con casi el 32% de víctimas de abuso y descuido de niños que son menores de cuatro años" (Iannelli, abril de 2010, pediatrics.about.com. "Abuso Infantil Estadísticas", párrafo. 7).

¿Qué se puede hacer para reducir la incidencia del abuso infantil? Hay mucho que se puede hacer para luchar contra esto y, comienza con la concientización y la educación. Los Estados Unidos necesita una llamada de atención. De acuerdo con National Child Abuse Statistics, en 2009, se realizaron aproximadamente 3.3 millones de reportes de abuso infantil y denuncias que implican un estimado de 6 millones de niños (ChildHelp, National Child Abuse Statistics).

Ryan y Cooper (2004), explican que en los tres millones de casos reportados de abuso infantil, casi las tres quintas partes de las víctimas han sufrido maltrato por negligencia; alrededor de una quinta parte ha vivido abuso físico y aproximadamente, una décima parte, fue víctima de abuso sexual (pág. 78). Aunque las estadísticas nos dan una idea de la gravedad del problema, no sabemos a ciencia cierta cuán grave es el problema porque sólo conocemos los casos que se han reportado. Debido a la naturaleza del abuso y la negligencia infantil, es muy difícil obtener cifras fiables (Ryan y Cooper, pág. 78).

Las Estadísticas del National Child Abuse, que se presentan a continuación, son reveladoras y muestran la terrible realidad actual de los efectos del abuso infantil:

- 30% de los niños abusados continuará el ciclo de abuso con sus propios hijos.
- 36% de las mujeres que están en la cárcel, fueron víctimas de abuso infantil.
- Más del 60% de los que están en los centros de tratamiento antidrogas reportaron que vivieron algún tipo de abuso infantil.
- Alrededor del 80% de personas de 21 años de edad y que de niños fueron abusados, cubrieron los criterios de al menos, un trastorno psicológico.
- Los niños que sufren abuso y abandono infantil son 59% más propensos a ser arrestados siendo menores de edad, tienen un 28% más de probabilidades de ser arrestados siendo adultos y son un 30% más propensos a cometer crímenes violentos (ChildHelp," National Child Abuse Statistics, pág. 1).

¿Qué significan estas estadísticas para nosotros y qué podemos hacer como ciudadanos responsables? Una pregunta importante que debe hacerse es: ¿He sido víctima de abuso alguna vez? Si la respuesta es afirmativa, hay algunas decisiones importantes que tomar. En mi caso, he respondido a esa pregunta afirmativamente. No quiero tratar a mis hijos de la misma forma en que me trataron. Estoy decidida a no convertirme en una estadística más y no voy a maltratar a mis hijos como yo fui maltratada cuando estaba creciendo.

Para las personas que crecieron en un hogar en donde la violencia era la norma, es fácil continuar con el ciclo de la violencia. Después de observar que los adultos pierden su temperamento y responden agresivamente y ver que los niños se comportan de la misma manera, Hyman (1997) declaró: "*La agresión hacia los niños que se portan mal se aprende en la infancia a partir de los modelos adultos*" (pág. 50). Hyman, Ryan y Cooper (2004), también coinciden en que la mayoría de los adultos que fueron abusados cuando eran niños, tienen más probabilidades de maltratar a sus propios hijos. Por otra parte, Whitfield (1987), informó que el caos es una característica de las familias disfuncionales que acompaña a las diferentes formas de maltrato y abuso. Whitfield explicó: "*El miembro de una familia en medio del caos, ya sea activo o amenazado, puede sentir que esto es tan rutinario que llega a verlo como algo normal, tanto, que él mismo, ya no lo reconoce como un caos*" (pág. 40). Después de entrevistar a mi padre, se hizo evidente para mí, que el hecho de que él fuera golpeado hasta ocho veces al día, fue una de las razones por la que era tan abusivo con mis hermanos y conmigo misma cuando éramos pequeños. A partir de las experiencias que mi papá vivió al tener un padre extremadamente abusivo, aprendió a manejar el enojo a través de la violencia. Por lo tanto, creció sin saber ni conocer otra forma de comportarse para manejar conflictos.

A pesar de todas las investigaciones que pintan un panorama sombrío para los adultos que fueron abusados cuando eran niños, las personas pueden superarse y tomar decisiones para que el ciclo de abuso infantil pueda ser roto. Aunque no siempre es fácil, los adultos abusados cuando eran niños, pueden vencer los obstáculos, encontrar el éxito en la vida y por lo tanto, encontrar la cura como ha ocurrido en mi vida. "*Los niños que crecieron en una familia disfuncional o con problemas, sufren numerosas pérdidas afectivas sobre las que a menudo no son capaces de llorar de una manera completa*" (Whitfield, pág. 86).

Desde mi experiencia personal, he visto que tratar con las secuelas del abuso verbal, físico y emocional puede ser un desafío. Sin embargo, mediante la búsqueda de personas de confianza con quién hablar o recibir asesoramiento, puede ayudarnos a enfrentar lentamente los viejos temores y finalmente, dar un paso en la dirección correcta. Después de comprender los efectos del abuso infantil y después de la curación, se hace más fácil lidiar con el pasado y centrarse en el presente y el futuro. Según Whitfield, esto se puede hacer a través del proceso de recuperación (pág. 74). Whitfield explicó que la recuperación es un proceso que comienza con la identificación de nuestros sentimientos para trabajar con ellos de una manera apropiada a través de la narración de nuestra historia (pág. 96). También informó que al permitirnos a nosotros mismos la libertad para rendirse, confiar, arriesgarse y a participar, al hablar de nuestros sentimientos y temores con un consejero, o con alguien en quien confiamos, comenzamos el proceso de curación (Whitfield, 1987, págs. 75 y 77).

Hay varias formas con las que podemos romper el ciclo de abuso de menores, ayudar a otros que están siendo abusados y prevenir que el maltrato infantil se lleve a cabo en nuestros hogares, vecindades y comunidades. Algunas formas de ayudar, es educando a los padres jóvenes y ofreciendo apoyo a los vecinos y amigos cuando están pasando por situaciones de estrés. También, es importante poder reconocer los síntomas de abuso en los menores y saber dónde pedir ayuda cuando se sospecha que alguien está siendo abusado (Helpguide.org "Abuso y Negligencia Infantil"). Una pregunta importante es: ¿Qué puede hacer uno si sabe o sospecha que alguien está siendo abusado? Si ese es el caso, hay que estar informado de los pasos a seguir…

Notificar a las autoridades correspondientes lo antes posible podría salvar la vida de un niño. Con la llegada del Internet, la información está disponible, por lo que fácilmente podemos encontrar ayuda, números de teléfono y recursos para el niño abusado o cuidador. El cuidador puede encontrar la ayuda necesaria para evitar que la situación empeore. Si el niño o la niña recibe ayuda cuanto antes, mayor es la probabilidad de que él o ella tenga curación y menos probable será que el ciclo de abuso continúe en el futuro (Iannelli, 2010, pediatrics.about.com, "Child Abuse Statistics"). El fortalecimiento de nuestros jóvenes y nuestros niños es otra manera de prevenir el abuso infantil. Si los jóvenes saben qué es el maltrato infantil y por qué ocurre, es más probable que vayan a decirle a un adulto de confianza que están enfrentando una situación de abuso. Los niños también necesitan que se les enseñe sobre el problema, se les brinde información sobre el tema y saber dónde pueden encontrar ayuda. (<u>Efectos de Abuso Infantil</u> "Prevención del Abuso Infantil", sección 3).

Debido a la larga historia de abuso de menores y sus graves efectos, este tema, es algo que no debemos tomar a la ligera. No podemos quedarnos callados y no hacer nada cuando sabemos que alguien está luchando con los recuerdos de abuso que sufrió en el pasado o bien, está lidiando con el dolor y el estrés del abuso actual. Todos debemos estar dispuestos a escuchar o ayudar a un individuo que lo necesita o cuando no tiene a nadie más a quien recurrir. Si somos proactivos y nos mantenemos informados sobre las cuestiones relacionadas con el abuso de menores y la prevención, podemos proporcionar el apoyo necesario. Por último, al ser observadores en nuestro hogar, en nuestras escuelas y en nuestra comunidad, podríamos hacer una diferencia en la vida de un niño, o bien, en la vida de un adulto sobreviviente de abuso infantil.

BIBLIOGRAFÍA

"Abuso". Def. Nuevo Diccionario Mundial de Webster para jóvenes lectores. Simon and Schuster. 1989.

Barriere, Darlene. "Abuso Infantil Efectos." Obtenido 22 de octubre 2011, de http://www.child-abuse-effects.com/history.html

"Departamento de Salud y Servicios Humanos." Bienestar Infantil Information Gateway. Consultado el 22 de abril 2011, de http://www.childwelfare.gov/

Gil, Eliana. Superar el dolor. Un libro para adultos y Acerca de abuso infantil. Nueva York: Dell Publishing, 1988.

Hyman, Irwin A. El caso contra Nalgadas. San Francisco: Jossey-Bass Inc. Publishers. 1997.

Iannelli, Vincent. (21 de abril de 2010). "pediatrics.about.com." Las estadísticas de abuso infantil. Consultado el 30 de octubre 2010 de http://pediatrics.about.com/od/childabuse/a/05_abuse_stats.htm

"Perdón". Def. Nuevo Diccionario Mundial de Webster para jóvenes lectores. Simon and Schuster. 1989.

Ryan, Kevin & Jeremy M. Cooper, Los que pueden, enseñan. Nueva York: Houghton Mifflin Co, 2004.

Torrez, José M., Comunicación personal. 23 de abril 2011.

Whitfield, Charles, MD Curación del Niño Interior. Florida: Health Communications Inc., 1987.

....

Nina Pérez-Reed, comenzó su educación universitaria en el Kings River Community College. Después de recibir su AA en Estudios Liberales, se trasladó a la Universidad Estatal de California en Fresno, donde estudió su licenciatura y una maestría en Lingüística con énfasis en Inglés como Segundo Idioma. Ella ha trabajado en Selma Unified durante 20 años. Enseñó español por 14 años y durante cinco, impartió las clases de Desarrollo del Idioma Inglés e Introducción a la Enseñanza. Actualmente, trabaja como Directora de aprendizaje de Selma High School.

En reconocimiento a su dedicación como docente profesional, en abril de 2008, recibió el premio como Mejor Maestra del Año llamado "Mexican American Educator of the Year". En el mismo año, recibió su Credencial Administrativa de la Universidad Nacional. Ella reside en Clovis, California con su marido, un director de la escuela secundaria y sus tres hijos. Sus hobbies incluyen cantar, leer y viajar.